DESCUBRA SEU
PROPÓSITO
E missão de vida
COM O ENEAGRAMA

MARCO MEDA

Autor de mais de
15 obras de Eneagrama

DESCUBRA SEU
PROPÓSITO
E missão de vida
COM O ENEAGRAMA

EDITORA LEADER

Copyright© 2024 by Editora Leader
Todos os direitos da primeira edição são reservados à Editora Leader.

CEO e Editora-chefe:	Andréia Roma
Revisão:	Editora Leader
Capa:	Editora Leader
Projeto gráfico e editoração:	Editora Leader
Suporte editorial:	Lais Assis
Livrarias e distribuidores:	Liliana Araújo
Artes e mídias:	Equipe Leader
Diretor financeiro:	Alessandro Roma

Dados Internacionais de Catalogação na Publicação (CIP)

M436d Meda, Marco
1. ed.   Descubra seu propósito e missão de vida no eneagrama/Marco Meda; coordenação Andréia Roma. – 1.ed. – São Paulo: Editora Leader, 2024.

240 p.; 17 x 24 cm.

ISBN: 978-85-5474-249-2

1. Eneagrama. 2. Personalidade (Psicologia). 3. Psicologia. 4. Propósito de vida – Aspectos psicológicos. I. Roma, Andréia. II. Título.

12-2024/08   CDD 155.26

Índices para catálogo sistemático:
1. Eneagrama: Tipologia: Psicologia   155.26

Bibliotecária responsável: Aline Graziele Benitez CRB-1/3129

2024

Editora Leader Ltda.
Rua João Aires, 149
Jardim Bandeirantes – São Paulo – SP
Contatos:
Tel.: (11) 95967-9456
contato@editoraleader.com.br | www.editoraleader.com.br

SUMÁRIO

Introdução 11

    O propósito deste livro 13

    Uma jornada espiritual 14

Missão e propósito no eneagrama 17

    A essência da busca 18

    Missão de vida e propósito através do eneagrama 19

    A jornada espiritual individual 21

    O caminho para a unidade 22

    Como o eneagrama nos ajuda a encontrar a missão
    de vida 23

**Teste de autoavaliação: onde você está na
descoberta da sua missão de vida?** 25

Capítulo 1: O que é o eneagrama 31

    As origens do eneagrama 33

Conceitos fundamentais do eneagrama 34

Desenvolvimento pessoal através do eneagrama 36

Personalidade versus essência 37

Capítulo 2: Os centros de inteligência e as personalidades 39

O centro instintivo 39

O centro emocional 40

O centro mental 42

Tipo 8 - O poderoso: Compreensão profunda 43

Tipo 9 - O Mediador: Compreensão Profunda 45

Tipo 1 - O Perfeccionista: Compreensão Profunda 46

Tipo 2 - O Ajudante: Compreensão Profunda 48

Tipo 3 - O Vencedor: Compreensão Profunda 49

Tipo 4 - O Intenso: Compreensão Profunda 51

Tipo 5 - O Analítico: Compreensão Profunda 52

Tipo 6 - O precavido: Compreensão profunda 54

Tipo 7 - O Otimista: Compreensão Profunda 55

Teste para avaliar o nível de missão de vida dentro do seu traço do eneagrama 59

Teste de Autoavaliação: tipo 8 - O poderoso 59

Teste de Autoavaliação: Tipo 9 - O Mediador 63

Teste de Autoavaliação: Tipo 1 - O Perfeccionista 67

Teste de Autoavaliação: Tipo 2 - O Ajudante 71

Teste de Autoavaliação: Tipo 3 - O Vencedor 75

Teste de Autoavaliação: Tipo 4 - O Intenso 79

Teste de Autoavaliação: Tipo 5 - O Analítico 83

Teste de Autoavaliação: Tipo 6 - O Precavido 87

Teste de Autoavaliação: Tipo 7 - O Otimista 91

Capítulo 3: Encontrando sua missão de vida com o eneagrama 95

Relação entre os tipos de personalidade e a
missão de vida 97

Importância do autoconhecimento na busca do
propósito de vida 98

Estratégias para alinhamento com a missão 98

Tipo 8 - O poderoso: Missão de vida e propósito 100

Tipo 9 - O mediador: Missão de vida e propósito 101

Tipo 1 - O perfeccionista: Missão de vida e propósito 103

Tipo 2 - O ajudante: Missão de vida e propósito 104

Tipo 3 - O realizador: Missão de vida e propósito 105

Tipo 4 - O intenso: Missão de vida e propósito 107

Tipo 5 - O analítico: Missão de vida e propósito 108

Tipo 6 - O precavido: Missão de vida e propósito 109

Tipo 7 - O otimista: Missão de vida e propósito 111

Capítulo 4: O propósito espiritual através do eneagrama 113

Tipo 8 - O Poderoso: Força e Proteção 113

Tipo 9 - O Mediador: Paz e Unidade 115

Tipo 1 - O Perfeccionista: A Busca por Integridade 117

Tipo 2 - O Ajudante: O Caminho do Amor Altruísta 118

Tipo 3 - O Vencedor: Realização e Autenticidade 120

Tipo 4 - O Intenso: Autenticidade e Profundidade Espiritual 122

Tipo 5 - O Analítico: Busca por Sabedoria e Conhecimento. 123

Tipo 6 - O Precavido: Fidelidade e Busca por Segurança 125

Tipo 7 - O Otimista: Alegria e Exploração 127

Capítulo 5: Exercícios práticos para encontrar a missão de vida 129

Tipo 8 - O Poderoso: Liderança Compassiva e Autocontrole 131

Tipo 9 - O Mediador: Afirmando sua Voz e Ação 133

Tipo 1 - O Perfeccionista: Alinhando Ideais com a Realidade 136

Tipo 2 - O Ajudante: Encontrando Equilíbrio Entre Dar e Receber 139

Tipo 3 - O Vencedor: Redefinindo Sucesso com Autenticidade 142

Tipo 4 - O Intenso: Abraçando a Autenticidade e Conectando-se com o Mundo 146

Tipo 5 - O Analítico: Conectando Conhecimento
com Ação.. 150

Tipo 6 - O Precavido: Cultivando Confiança Interna e
Segurança... 154

Tipo 7 - O Otimista: Cultivando Profundidade e Foco.......... 158

Capítulo 6: Testes de aptidões e motivações para alinhamento de missão de vida **163**

Teste para o Tipo 8 - O Poderoso: Descobrindo
sua Missão de Vida... 166

Teste para o Tipo 9 - O Mediador: Descobrindo
sua Missão de Vida... 170

Teste para o Tipo 1 - O Perfeccionista: Descobrindo
sua Missão de Vida... 174

Teste para o Tipo 2 - O Ajudante: Descobrindo
sua Missão de Vida... 179

Teste para o Tipo 3 - O Vencedor: Descobrindo
sua Missão de Vida... 183

Teste para o Tipo 4 - O Intenso: Descobrindo
sua Missão de Vida... 188

Teste para o Tipo 5 - O Analítico: Descobrindo
sua Missão de Vida... 192

Teste para o Tipo 6 - O Precavido: Descobrindo
sua Missão de Vida... 196

Teste para o Tipo 7 - O Otimista: Descobrindo
sua Missão de Vida... 201

Capítulo 7: Tabelas resumo para direcionamento da missão 207

    Tabelas Resumo 211

Capítulo 8: Práticas diárias para cada eneatipo saber quais as ações concretas para alinhar sua vida com propósito 217

    Tipo 8 - O Poderoso: Liderança com Empatia 222

    Tipo 9 - O Mediador: Tomando Iniciativa 222

    Tipo 1 - O Perfeccionista: Flexibilidade e Aceitação 222

    Tipo 2 - O Ajudante: Equilibrando Dar e Receber 223

    Tipo 3 - O Vencedor: Sucesso Autêntico 223

    Tipo 4 - O Intenso: Expressão Criativa e Equilíbrio 224

    Tipo 5 - O Analítico: Aplicando o Conhecimento na Prática 224

    Tipo 6 - O Precavido: Confiando no Processo 225

    Tipo 7 - O Otimista: Compromisso com Foco 225

Capítulo 9: *Checklist* da missão e do propósito 227

A jornada continua: Viva a sua missão de vida 233

INTRODUÇÃO

Bem-vindo à jornada mais reveladora da sua vida. "Descubra seu PROPÓSITO e MISSÃO de VIDA com o ENEAGRAMA" não é apenas um livro; é um convite para embarcar em uma expedição profunda ao núcleo da sua essência, um guia para desvendar os segredos mais íntimos do seu ser através do poderoso espelho do Eneagrama.

O CONVITE

A vida, em sua infinita complexidade, às vezes pode parecer um labirinto de escolhas e caminhos. Neste livro, convido você a segurar a lanterna do Eneagrama, iluminando os corredores da sua existência, para que você possa caminhar com confiança em direção à sua verdadeira missão e propósito de vida. Mas, o que exatamente significa encontrar sua missão de vida e propósito? E como o Eneagrama se encaixa nesta busca?

MISSÃO DE VIDA E PROPÓSITO: UMA EXPLORAÇÃO PROFUNDA

Sua missão de vida é o seu chamado único, o motivo pelo qual você veio a este mundo. É aquilo que, quando realizado, não só preenche seu coração de alegria, mas também contribui de maneira significativa para o mundo ao seu redor.

O propósito, por sua vez, é a expressão diária desse chamado; são as escolhas e ações que alinham sua existência com sua verdadeira essência. Juntos, eles formam o tecido da sua autêntica identidade.

O ENEAGRAMA: UMA FERRAMENTA MILENAR PARA O AUTOCONHECIMENTO

O Eneagrama, uma antiga ferramenta de sabedoria, mapeia a paisagem da alma humana em nove tipos de personalidade. Cada tipo revela padrões distintos de pensar, sentir e agir, além de desvendar as motivações mais profundas que nos impulsionam.

Ao compreender o seu tipo, você inicia o processo de desembrulhar as camadas de personalidade que ocultam sua essência verdadeira. Este livro guiará você através dessa descoberta, mostrando como cada tipo do Eneagrama se relaciona com missões de vida e propósitos específicos.

VENHA NESSA JORNADA COMIGO!

Nas páginas seguintes, mergulharemos nos mistérios do Eneagrama, desdobrando cada tipo de personalidade e explorando como eles podem guiar você em direção a uma vida de maior significado e satisfação. Com *insights* profundos, exercícios práticos e histórias inspiradoras, este livro é seu aliado na busca pelo autoconhecimento, transformação e realização.

O COMPROMISSO

Este é o momento de fazer um compromisso consigo mesmo. A jornada para descobrir sua missão de vida e propósito não é sempre fácil; ela requer coragem, honestidade e a disposição para enfrentar as sombras e luzes dentro de você. Mas a recompensa? Uma vida vivida com plenitude, paixão e paz.

Prepare-se para embarcar nesta viagem transformadora. Com o Eneagrama como seu mapa e este livro como seu guia, você está pronto para desvendar o extraordinário mistério que é você.

Seja bem-vindo ao primeiro passo rumo à descoberta da sua missão de vida e propósito com o Eneagrama.

O PROPÓSITO DESTE LIVRO

O propósito deste livro transcende a mera aquisição de conhecimento; ele se enraíza na transformação pessoal profunda e na autorrealização. O meu objetivo é duplo: primeiro, fornecer-lhe uma bússola interna para navegar pela jornada da vida com maior consciência e intencionalidade; segundo, facilitar um encontro consigo mesmo tão profundo que revele a essência da sua verdadeira missão de vida e propósito.

UM CONVITE PARA O AUTOCONHECIMENTO

A base para encontrar sua missão de vida e propósito reside no autoconhecimento. Sem compreender quem você realmente é, suas escolhas e ações podem não estar alinhadas com sua verdadeira essência, levando a uma vida de realizações superficiais ou, pior, de questionamentos constantes sobre "o que falta?".

Este livro pretende ser sua ferramenta para mergulhar nas profundezas do seu ser, explorando e entendendo os padrões que definem sua personalidade através do Eneagrama.

TRANSFORMAÇÃO ATRAVÉS DO ENEAGRAMA

O Eneagrama não é apenas uma ferramenta de categorização; é um espelho da alma que reflete não apenas quem você é, mas quem você pode se tornar. Ao trazer à luz os aspectos inconscientes da sua personalidade, ele oferece um caminho para o crescimento e a evolução pessoal.

Este livro guiará você através desse processo de transformação, mostrando como transcender os aspectos limitantes do seu tipo de personalidade e abraçar plenamente sua potencialidade.

VIVENDO SUA VERDADE

Além do autoconhecimento e transformação, este livro visa inspirá-lo a viver de acordo com sua verdadeira natureza. Ao descobrir sua missão de vida e propósito, você encontrará uma bússola interna que orienta todas as suas decisões, grandes e pequenas.

Este alinhamento traz não apenas realização pessoal, mas também um profundo senso de paz e contentamento, sabendo que cada passo que você dá está em harmonia com o chamado da sua alma.

UM GUIA PRÁTICO E INSPIRADOR

Entendemos que a jornada do autoconhecimento pode ser desafiadora. Por isso, este livro é projetado para ser um guia prático e inspirador, repleto de exercícios, reflexões e histórias reais de transformação. Quero que você sinta a teoria do Eneagrama ganhando vida, aplicável em seu dia a dia, facilitando uma jornada de descoberta que é tão rica em *insights* quanto em ação.

PARA TODOS EM BUSCA DE MAIS

Este livro é para todos que sentem que há mais na vida do que a rotina diária. É para aqueles que buscam entender seu lugar no mundo, desejam contribuir de maneira significativa e anseiam viver uma vida que ressoe com sua verdadeira essência.

Seja você um conhecedor do Eneagrama ou alguém novo nesse universo, **"Descubra seu PROPÓSITO e MISSÃO de VIDA com o ENEAGRAMA"** oferece um caminho enriquecedor rumo ao autoconhecimento, transformação e, ultimamente, à realização pessoal.

Com este livro, o convite está feito: embarque nesta jornada transformadora, descubra sua missão de vida e propósito, e comece a viver a vida que você nasceu para viver. Simples e lindo assim.

UMA JORNADA ESPIRITUAL

O propósito ainda mais fundamental deste livro vai além de oferecer simplesmente uma compreensão teórica do Eneagrama ou de promover o autoconhecimento superficial. Aqui, busco algo mais profundo, mais intrínseco e espiritualmente ressonante: a revelação da sua missão espiritual e a jornada singular que cada eneatipo empreende em busca de sua essência verdadeira e divina.

A MISSÃO ESPIRITUAL: O CORAÇÃO DO ENEAGRAMA

No cerne de cada ser humano, existe uma chama, um chamado espiritual que busca expressão e realização. Esta chama é o motor da nossa existência, impulsionando-nos para além dos limites do ego e da personalidade, em direção à unidade com o todo, com o divino, com o propósito maior que nos transcende e, ao mesmo tempo, nos define. Este livro é um convite para que você mergulhe nas águas profundas da sua alma, utilizando o Eneagrama como bússola para navegar pela sua jornada espiritual.

CADA ENEATIPO: UMA JORNADA ÚNICA

O Eneagrama nos ensina que cada tipo de personalidade tem seu caminho específico de crescimento espiritual, seus desafios únicos a superar e suas lições particulares a aprender. Compreender seu eneatipo é descobrir a estrada que você está destinado a percorrer nesta vida, os obstáculos que precisa transcender e as virtudes que está aqui para desenvolver. Este livro visa iluminar essas jornadas individuais, oferecendo orientações personalizadas que ressoam com a essência única de cada tipo.

TRANSCENDÊNCIA E TRANSFORMAÇÃO

Ao embarcar nesta exploração, você será convidado a olhar para além das camadas de sua personalidade, para descobrir uma verdade mais profunda sobre quem você realmente é e porque está aqui. Cada capítulo, dedicado a um eneatipo específico, serve como um guia para essa jornada de transcendência, ajudando-o a transformar as limitações do ego em degraus para alcançar sua missão espiritual.

A PRÁTICA: FERRAMENTAS PARA O DESPERTAR

Além de *insights* e conhecimentos, este livro oferece práticas espirituais adaptadas a cada eneatipo, exercícios que facilitam o contato com sua essência e meditações que promovem a conexão com o divino.

Essas ferramentas são projetadas para auxiliá-lo na dissolução das barreiras do ego, permitindo uma experiência direta do sagrado que reside dentro de você.

CONVITE AO DESPERTAR

Este livro é, acima de tudo, um convite ao despertar. À medida que avançamos na compreensão dos eneatipos, revela-se a oportunidade de viver uma vida que reflete nossa verdadeira natureza espiritual.

O Eneagrama, nesta obra, é apresentado não apenas como uma ferramenta de autoconhecimento, mas como uma chave para desbloquear o potencial de nossa alma, guiando-nos em nossa jornada espiritual.

Ao virar cada página, lembre-se de que o propósito maior não é somente conhecer-se melhor, como também reconectar-se com sua missão divina, essa luz orientadora que promete levar a uma vida de maior significado, plenitude e conexão espiritual.

Bem-vindo à descoberta de sua missão de vida e propósito com o Eneagrama: uma viagem ao coração do seu ser espiritual.

Marco Meda
Serra Negra – SP – Brasil
Inverno de 2024

MISSÃO E PROPÓSITO NO ENEAGRAMA

Em nossa essência, cada um de nós carrega uma semente de singularidade, um chamado que busca expressão através da vida que vivemos. Esta busca por significado transcende as fronteiras culturais, temporais e espirituais, unindo a humanidade na pergunta eterna: "Por que estou aqui?" No coração desta indagação estão os conceitos de missão de vida e propósito, dois pilares que sustentam a estrutura da nossa existência individual e coletiva.

O Eneagrama, com suas raízes profundas na tradição espiritual e psicológica, oferece um mapa detalhado da natureza humana. Mais do que um sistema de tipologia de personalidade, ele é uma bússola para o autoconhecimento e a transformação espiritual. Ao identificar nove tipos fundamentais de personalidade, o Eneagrama nos presenteia com um espelho, refletindo não apenas quem pensamos ser, mas quem temos o potencial de nos tornar.

A jornada humana é marcada por uma incessante busca por significado e realização. No cerne dessa busca, encontra-se uma questão fundamental que ecoa através dos tempos e culturas: "Por que estou aqui?". A resposta a esta pergunta envolve a compreensão de dois conceitos vitais — missão de vida e propósito —, que servem como bússola para nossa existência. No contexto do Eneagrama, essa busca adquire uma dimensão adicional, oferecendo caminhos únicos de exploração e entendimento para cada tipo de personalidade.

A ESSÊNCIA DA BUSCA

Em nossa essência, cada um de nós carrega uma semente de singularidade, um chamado que busca expressão através da vida que vivemos. Esta busca por significado transcende as fronteiras culturais, temporais e espirituais, unindo a humanidade na pergunta eterna: "Por que estou aqui?" No coração desta indagação estão os conceitos de missão de vida e propósito, dois pilares que sustentam a estrutura da nossa existência individual e coletiva.

A missão de vida pode ser vista como um chamado mais amplo, uma vocação que nos é destinada pelo universo, pela divindade ou pela essência da vida — a depender das crenças de cada um. Trata-se de um caminho que, quando descoberto e seguido, traz um sentido profundo de contribuição e satisfação. Essa missão está intrinsecamente ligada a quem somos no âmago do nosso ser, aguardando revelação e realização.

O propósito, por outro lado, manifesta-se como a expressão cotidiana dessa missão, o modo como escolhemos viver, os valores que decidimos promover e as ações que empreendemos em direção à realização da nossa missão maior. Enquanto a missão de vida é o destino, o propósito é a jornada — cada escolha, cada passo dado com intenção, cada momento de conexão com nossa essência.

Dentro deste vasto território da autoexploração, o Eneagrama emerge como um mapa poderoso para o autoconhecimento e a transformação pessoal. Ao identificar nove tipos de personalidade, cada um com suas características distintas, padrões de comportamento, motivações profundas e desafios específicos, o Eneagrama nos proporciona um espelho através do qual podemos vislumbrar nossa verdadeira natureza.

Cada tipo do Eneagrama carrega em si uma dimensão única da experiência humana, uma via particular de crescimento e uma maneira específica de se conectar com a missão de vida e o propósito. Compreender nosso tipo não é apenas um exercício de autoanálise; é um convite para embarcar em uma jornada de descoberta, em que cada *insight* revela um aspecto de nossa missão espiritual e nos guia na direção do nosso propósito autêntico.

Neste livro, exploraremos como cada tipo de personalidade do Eneagrama se relaciona com a ideia de missão de vida e propósito. Descobriremos que a jornada espiritual de um Tipo 4, por exemplo, imersa na busca pela autenticidade e expressão individual, difere radicalmente da trajetória de um Tipo 3, focado na realização e no sucesso. Cada tipo oferece uma perspectiva única, um conjunto de lições a serem aprendidas e um caminho específico a ser trilhado em direção à plenitude.

Entender nosso lugar no espectro do Eneagrama nos permite abraçar nossa singularidade e, ao mesmo tempo, reconhecer nossa unidade com a experiência humana coletiva. Cada eneatipo, com suas luzes e sombras, contribui para o mosaico da vida, e cada um tem um papel essencial na dança cósmica do ser.

MISSÃO DE VIDA E PROPÓSITO ATRAVÉS DO ENEAGRAMA

A missão de vida, no contexto do Eneagrama, pode ser vista como a expressão máxima da nossa essência ou verdadeiro eu. É o trabalho único que viemos realizar no mundo, algo tão intrínseco à nossa natureza que, quando ignorado, pode resultar em uma sensação de vazio ou desalento. O propósito, por sua vez, é a manifestação cotidiana dessa missão, as escolhas e ações que tomamos que, passo a passo, nos direcionam para a realização do nosso chamado maior.

Cada tipo de personalidade do Eneagrama possui uma missão espiritual intrínseca e um conjunto de desafios e virtudes que, quando compreendidos e abraçados, iluminam o caminho para a realização dessa missão. Por exemplo, o Tipo 1, o Perfeccionista, encontra sua missão na busca pela integridade e melhoria do mundo ao seu redor, enquanto o Tipo 7, o Otimista, é chamado a espalhar alegria e possibilidade.

Cada tipo de personalidade carrega consigo uma essência única, uma faísca divina que busca expressão no mundo físico. Esta essência, quando plenamente reconhecida e vivida, nos conduz à nossa missão de vida — o trabalho único que viemos realizar, aquela contribuição singular que só nós podemos oferecer ao tecido da existência.

A missão de vida, sob a lente do Eneagrama, é a expressão máxima da nossa essência ou verdadeiro eu. É algo tão intrínseco à nossa natureza que, ao ser ignorado ou suprimido, pode levar-nos a uma sensação profunda de vazio ou desalento. Essa missão é a nossa assinatura no mundo, o legado que deixamos para trás, não em termos de realizações materiais, mas como uma marca indelével no coração e na alma da humanidade.

O propósito, em contrapartida, é a manifestação cotidiana dessa missão. São as escolhas que fazemos, as ações que empreendemos, cada palavra que proferimos e cada gesto de amor ou serviço. O propósito é nossa bússola diária, guiando-nos através das vicissitudes da vida, mantendo-nos alinhados com nossa missão maior. É a forma como traduzimos a chamada silenciosa de nossa alma em ações concretas no mundo.

Cada tipo de personalidade do Eneagrama possui uma missão espiritual intrínseca, uma jornada que é tanto de autoconhecimento quanto de contribuição para o coletivo. Esta missão está entrelaçada com um conjunto específico de desafios e virtudes que, quando plenamente compreendidos e abraçados, iluminam o caminho para a realização dessa missão.

Por exemplo, o Tipo 1, conhecido como o Perfeccionista, encontra sua missão na busca incessante pela integridade e pela melhoria do mundo ao seu redor. Seu desafio é aprender a aceitar a imperfeição, tanto em si mesmo quanto no mundo, e sua virtude é a serenidade que vem da aceitação. Ao abraçar essa jornada, o Tipo 1 pode realizar sua missão de promover a justiça e a ordem, contribuindo para um mundo mais equilibrado e harmonioso.

O Tipo 7, o Otimista, por outro lado, é chamado a espalhar alegria e possibilidade. Sua missão é viver a vida em sua plenitude, explorando as maravilhas do mundo e compartilhando essa sensação de admiração e possibilidade com os outros. Seus desafios incluem aprender a enfrentar a dor e o sofrimento sem se desviar para o próximo estímulo, e sua virtude é a sobriedade, a capacidade de encontrar alegria nas coisas simples e estar presente no momento atual.

À medida que exploramos os nove tipos de personalidade do Eneagrama, descobrimos que cada um oferece uma perspectiva única sobre o que significa viver uma vida com propósito e cumprir nossa missão de vida. Ao mergulhar nas profundezas de nossa própria personalidade, somos convidados a confrontar nossos desafios mais profundos e a cultivar nossas virtudes inatas, iluminando assim o caminho para a realização plena de nossa missão espiritual e propósito neste mundo.

A JORNADA ESPIRITUAL INDIVIDUAL

O reconhecimento e a compreensão da nossa tipologia "eneagramática" nos permitem não apenas identificar nossas tendências automáticas de pensamento, emoção e ação, mas também vislumbrar o caminho para a nossa transformação espiritual. Este processo de transformação, intrínseco à jornada de cada tipo, é o veículo através do qual nossa missão de vida e propósito podem ser plenamente realizados.

Dentro do vasto universo do autoconhecimento, o Eneagrama surge como uma bússola que nos guia na exploração das profundezas de nossa alma. Mais do que um mero sistema de tipologia, ele oferece uma rota clara para nossa evolução espiritual, mapeando não apenas nossas tendências automáticas, mas também apontando o caminho luminoso para a transformação profunda.

Ao identificar nosso tipo de personalidade, damos o primeiro passo em uma jornada de autodescoberta que vai muito além do superficial. Esse reconhecimento é como acender uma tocha em um quarto escuro, revelando os contornos de nossas maiores forças e desafios. Com essa luz, começamos a perceber nossos padrões habituais de pensamento, emoção e ação - aquelas respostas automáticas que, muitas vezes, nos mantêm presos em ciclos de sofrimento e insatisfação.

Mas a verdadeira magia do Eneagrama vai além de mapear nossa personalidade; está também em sua capacidade de mostrar o caminho para a nossa transformação espiritual. Cada tipo de personalidade vem com seu próprio conjunto de lições espirituais a aprender e obstáculos a superar. Essas lições são as chaves que desbloqueiam o potencial para nossa mais alta expressão de ser.

Para o Tipo 2, por exemplo, a jornada pode envolver aprender a reconhecer o valor inerente em si mesmo, além da ajuda prestada aos outros. Para o Tipo 5, pode significar abrir-se para a experiência direta da vida, além do conforto do conhecimento e da observação.

Este processo de transformação é único para cada indivíduo, mas compartilha um denominador comum em todos os tipos: a necessidade de enfrentar e transcender o ego. Nossa personalidade, com todas as suas defesas e máscaras, é uma expressão do ego, construída ao longo do tempo para nos proteger de nossos medos mais profundos.

A jornada espiritual individual proposta pelo Eneagrama nos convida a olhar além dessas defesas, a mergulhar nas águas mais profundas de nossa existência. Aqui, somos chamados a soltar as amarras que nos prendem, a questionar as histórias que contamos sobre nós mesmos e a nos abrir para a possibilidade de um renascimento espiritual.

É através desse veículo de transformação espiritual que nossa missão de vida e propósito podem ser plenamente realizados. Ao transcender as limitações do ego, conectamo-nos com uma fonte de sabedoria e amor mais vasta, uma essência que transcende a individualidade. Nesse espaço de clareza e conexão, a nossa verdadeira missão de vida se revela, não como algo que precisamos buscar fora de nós, mas como uma expressão natural do nosso ser mais autêntico.

A missão e o propósito, então, não são destinos a serem alcançados, mas caminhos a serem percorridos, cada passo uma expressão de nossa verdadeira natureza. O Eneagrama, nesse sentido, é um mapa para esse caminho, um guia para nossa jornada espiritual individual, apontando para a beleza e a complexidade do que significa ser verdadeiramente humano.

O CAMINHO PARA A UNIDADE

A jornada espiritual delineada pelo Eneagrama não é um caminho solitário, mas um convite à conexão com algo maior do que nós mesmos. Ao nos engajarmos nesse processo de autodescoberta e crescimento, começamos a perceber que nossa missão de vida se entrelaça com a teia maior da existência, onde cada um desempenha uma parte vital no todo. Este reconhecimento da nossa interconexão fundamental nos leva a viver de maneira mais autêntica, compassiva e alinhada com o propósito maior de nossa alma.

O Eneagrama, em sua essência, não nos conduz apenas a uma jornada interior profunda, mas também nos guia para fora, em direção a uma compreensão mais ampla de nossa conexão com o todo. Este sistema esboça os contornos da nossa personalidade individual, assim como nos mostra como estamos intrinsecamente entrelaçados na grande tapeçaria da vida. Ao avançarmos na nossa jornada espiritual com o Eneagrama, começamos a desvelar a beleza dessa interconexão, percebendo que nossa missão de vida vai além do âmbito pessoal, estendendo-se à coletividade e ao universo em si.

À medida que nos aprofundamos na compreensão de nosso tipo de personalidade e nos engajamos no processo de autodescoberta e transformação, algo extraordinário começa a acontecer. As barreiras que nos isolavam, as divisões que nos separavam de outros seres e do mundo ao nosso redor começam a se dissolver. Reconhecemos que cada pensamento, cada ação, e cada intenção nossa ecoa na vastidão do cosmos, influenciando a teia da existência de maneiras que muitas vezes não podemos perceber.

Este reconhecimento de nossa interconexão fundamental altera profundamente a forma como vivemos e interagimos com o mundo. Compreendendo que cada um de nós desempenha uma parte vital no todo, nossa missão de vida adquire uma nova dimensão. Não se trata mais apenas de buscar a realização pessoal, mas de contribuir para o bem maior, de participar ativamente na cocriação de um mundo mais harmonioso, compassivo e autêntico.

Ao nos alinharmos com essa visão mais ampla, começamos a viver de maneira mais autêntica e compassiva. A empatia e o cuidado pelos outros se tornam expressões naturais de nossa existência, pois percebemos que o bem-estar do outro é indissociável do nosso. Cada escolha consciente, cada gesto de bondade e cada ato de serviço tornam-se meios pelos quais manifestamos nosso propósito maior e contribuímos para a unidade da qual somos parte.

Esta jornada rumo à unidade não é meramente uma aspiração filosófica; é um caminho vivo, respirando através de cada momento de nossa existência. O Eneagrama nos oferece as ferramentas para embarcar nesse caminho com clareza e propósito, ajudando-nos a alinhar cada aspecto de nossa vida com o propósito maior de nossa alma. Ao fazermos isso, não apenas encontramos a verdadeira satisfação e paz interior, mas também nos tornamos faróis de luz e amor, inspirando e elevando aqueles ao nosso redor.

Em última análise, o Eneagrama nos ensina que a jornada espiritual é tanto uma viagem para dentro quanto uma expansão para fora, levando-nos a reconhecer e celebrar nossa unidade essencial com tudo o que existe. É um convite à vida plena, uma vida vivida na plenitude do ser entrelaçada com a vastidão da existência.

COMO O ENEAGRAMA NOS AJUDA A ENCONTRAR A MISSÃO DE VIDA

O Eneagrama mapeia nove tipos de personalidade, cada um com suas motivações específicas, medos, desejos e padrões de comportamento. Este mapeamento não se destina a nos colocar em caixas ou limitar nossa percepção sobre nós mesmos, mas sim a oferecer um ponto de partida para o autoquestionamento e o crescimento pessoal. Ao identificar nosso tipo de personalidade do Eneagrama, ganhamos acesso a *insights* profundos sobre nossas tendências automáticas e inconscientes, abrindo o caminho para uma autoexploração genuína.

O primeiro passo é identificar seu tipo de personalidade do Eneagrama através de testes, leituras, vídeos e cursos. Sugiro a você o meu site: www.meuEneagrama.com

É importante abordar este processo com abertura e honestidade, buscando reconhecer-se nas descrições sem autopunição ou julgamento. Cada tipo de personalidade do Eneagrama é motivado por desejos fundamentais e atormentado por medos específicos. Reconhecer esses aspectos em nós mesmos pode ser esclarecedor, revelando porque agimos da maneira como agimos e como isso afeta nosso caminho de vida.

Com essa compreensão, somos incentivados a observar nossos padrões de pensamento, emoção e comportamento no dia a dia. Este passo requer uma atitude de observador imparcial, reconhecendo nossas reações automáticas sem nos identificar totalmente com elas. Com uma compreensão mais profunda de nós mesmos alcançada através do Eneagrama, podemos começar a vislumbrar como nossas características únicas e talentos se encaixam em uma imagem maior, sugerindo pistas sobre nosso propósito de vida.

Cada tipo de personalidade do Eneagrama ressoa com certos valores e virtudes. Ao alinhar nossas ações com esses valores, começamos a viver de forma mais autêntica e propósito. O Eneagrama nos mostra os desafios específicos que cada tipo enfrenta na busca por crescimento. Superar esses desafios ou trabalhar através deles pode ser parte integrante da nossa missão de vida.

Reconhecendo nossos dons e como eles podem servir aos outros, começamos a entender como podemos contribuir unicamente para o mundo ao nosso redor, cumprindo assim nosso propósito de vida.

O Eneagrama, portanto, não é apenas uma ferramenta de autoconhecimento; é um guia para a descoberta e realização do propósito de vida. Ao nos conectar com a essência do nosso ser, ele nos empodera para viver com maior autenticidade, significado e satisfação. E é neste contexto que vamos começar a explorar cada pedacinho deste livro nas próximas páginas.

TESTE DE AUTOAVALIAÇÃO: ONDE VOCÊ ESTÁ NA DESCOBERTA DA SUA MISSÃO DE VIDA?

Antes de começar sua jornada de autoconhecimento e alinhar sua vida com sua missão e propósito, é essencial entender onde você está no momento presente. O teste a seguir foi criado para ajudar você a refletir sobre diferentes áreas da sua vida e identificar seus pontos fortes, desafios e o que ainda precisa ser aprendido. Este é um ponto de partida para que você possa traçar um caminho mais claro e consciente em direção à descoberta da sua missão de vida.

Para cada afirmação, escolha a resposta que melhor reflete sua situação atual: **SIM, NÃO** ou **PRECISO APRENDER**.

Autoconhecimento

1. Eu tenho clareza sobre meus valores mais profundos e os princípios que guiam minhas decisões.

( ) SIM ( ) NÃO ( ) PRECISO APRENDER

2. Eu entendo quais são meus talentos naturais e como posso usá-los de maneira significativa.

( ) SIM ( ) NÃO ( ) PRECISO APRENDER

3. Eu sei o que realmente me traz satisfação e o que me move na vida.

( ) SIM ( ) NÃO ( ) PRECISO APRENDER

4. Eu dedico tempo regularmente para refletir sobre quem eu sou e aonde quero chegar.

( ) SIM ( ) NÃO ( ) PRECISO APRENDER

5. Eu sinto que estou em um processo de crescimento pessoal constante, aprendendo e me desenvolvendo.

( ) SIM ( ) NÃO ( ) PRECISO APRENDER

Missão de Vida

6. Eu sinto que tenho um propósito claro na vida, algo que me motiva e dá sentido às minhas ações.

( ) SIM ( ) NÃO ( ) PRECISO APRENDER

7. Eu tenho uma visão clara do impacto que quero causar no mundo, seja em pequena ou grande escala.

( ) SIM ( ) NÃO ( ) PRECISO APRENDER

8. Meu trabalho e minhas atividades diárias estão alinhados com a minha missão de vida.

( ) SIM ( ) NÃO ( ) PRECISO APRENDER

9. Eu sei como aplicar meus talentos e habilidades para contribuir de forma significativa para o mundo ao meu redor.

( ) SIM ( ) NÃO ( ) PRECISO APRENDER

10. Eu sinto que meu propósito está conectado com algo maior do que eu, seja uma causa, comunidade ou propósito espiritual.

( ) SIM ( ) NÃO ( ) PRECISO APRENDER

Propósito Profissional

11. Eu acredito que minha profissão está alinhada com meus valores e meu propósito de vida.

() SIM () NÃO () PRECISO APRENDER

12. No meu trabalho, sinto que estou contribuindo para algo significativo e não apenas "fazendo" por fazer.

() SIM () NÃO () PRECISO APRENDER

13. Sinto-me realizado no meu trabalho e acredito que estou utilizando meus talentos de forma plena.

() SIM () NÃO () PRECISO APRENDER

14. Eu sou capaz de equilibrar minhas necessidades pessoais com minhas responsabilidades profissionais.

() SIM () NÃO () PRECISO APRENDER

15. Consigo ver meu trabalho como parte de uma jornada maior, onde estou sempre crescendo e evoluindo.

() SIM () NÃO () PRECISO APRENDER

Qualidade de Vida

16. Eu cuido da minha saúde física e mental de maneira equilibrada e consistente.

() SIM () NÃO () PRECISO APRENDER

17. Eu dedico tempo suficiente para relaxar, cuidar de mim e recarregar minhas energias.

() SIM () NÃO () PRECISO APRENDER

18. Eu sinto que tenho uma boa qualidade de vida e que estou em equilíbrio entre o fazer e o ser.

() SIM () NÃO () PRECISO APRENDER

19. Tenho uma rotina de autocuidado que me ajuda a manter minha energia, disposição e clareza mental.

( ) SIM ( ) NÃO ( ) PRECISO APRENDER

20. Minhas práticas diárias contribuem para o meu bem-estar e me ajudam a viver de maneira mais consciente.

( ) SIM ( ) NÃO ( ) PRECISO APRENDER

Relacionamentos

21. Eu tenho relacionamentos significativos e autênticos que me oferecem apoio emocional e crescimento.

( ) SIM ( ) NÃO ( ) PRECISO APRENDER

22. Eu sou capaz de me comunicar abertamente e de maneira honesta com as pessoas ao meu redor.

( ) SIM ( ) NÃO ( ) PRECISO APRENDER

23. Meus relacionamentos são equilibrados, com uma troca justa de cuidado, apoio e amor.

( ) SIM ( ) NÃO ( ) PRECISO APRENDER

24. Eu dedico tempo suficiente para nutrir meus relacionamentos mais importantes.

( ) SIM ( ) NÃO ( ) PRECISO APRENDER

25. Eu sinto que meus relacionamentos me ajudam a crescer e a viver de acordo com meu propósito.

( ) SIM ( ) NÃO ( ) PRECISO APRENDER

Avaliação dos Resultados

Agora que você completou o teste, é hora de refletir sobre seus resultados. Use as respostas como um guia para identificar as áreas em que você já está vivendo de acordo com sua missão e propósito, e as áreas que ainda precisam de atenção e desenvolvimento.

Se você respondeu SIM à maioria das perguntas:

- Parabéns! Você já está bem encaminhado na descoberta e alinhamento com sua missão de vida. Continue praticando o que está funcionando e permaneça atento às áreas que ainda podem ser fortalecidas.

Se você respondeu NÃO à maioria das perguntas:

- Não se preocupe! Este teste serve como um ponto de partida para que você comece a refletir sobre o que precisa ser ajustado. Use essas respostas como um convite para se dedicar mais ao autoconhecimento e às práticas que podem ajudar você a alinhar suas ações com seu propósito.

Se você respondeu PRECISO APRENDER à maioria das perguntas:

- Você está em uma fase de transição e aprendizado, o que é ótimo! Reconhecer que precisa aprender é o primeiro passo para o crescimento. Agora que você identificou essas áreas, use este livro como um guia para ajudá-lo a desenvolver novas habilidades e conquistar maior clareza em sua missão.

Próximos Passos

A partir desse teste, você tem uma visão mais clara de onde está no processo de descoberta da sua missão de vida e propósito. Este é apenas o início da jornada. Ao longo deste livro, você encontrará ferramentas, práticas e reflexões que vão ajudar você a fortalecer as áreas onde você ainda precisa aprender e a celebrar as áreas em que já está evoluindo.

Lembre-se: viver com propósito é um processo contínuo de crescimento, e este teste é uma oportunidade de revisar regularmente como você está progredindo em sua jornada pessoal e espiritual. À medida que avança, continue retornando a essas perguntas, refletindo sobre seu progresso e ajustando suas ações conforme necessário. O importante é permanecer comprometido com seu desenvolvimento e alinhamento com a vida que você deseja viver.

CAPÍTULO 1:
O QUE É O ENEAGRAMA

O Eneagrama é uma ferramenta antiga e poderosa de autoconhecimento, crescimento pessoal e transformação espiritual. Com suas raízes mergulhadas na tradição mística e na sabedoria antiga, este sistema complexo oferece um mapa detalhado da psique humana, desdobrando os nove tipos de personalidade do Eneagrama e suas inter-relações. Este capítulo visa desmistificar o Eneagrama, apresentando suas origens, conceitos fundamentais e sua aplicação prática no desenvolvimento pessoal.

ORIGENS DO ENEAGRAMA

As origens do Eneagrama são envoltas em mistério, traçando caminhos através de tradições espirituais antigas, incluindo o sufismo, o cristianismo místico e as escolas de sabedoria do Oriente Médio. Foi reintroduzido no mundo moderno por George Gurdjieff, um mestre espiritual do início do século XX, que o viu como um símbolo do universo e da dinâmica da evolução humana. No entanto, apenas nas últimas décadas o Eneagrama foi sistematizado como uma ferramenta de tipologia psicológica por Oscar Ichazo, Claudio Naranjo e outros, tornando-se um recurso valioso para o desenvolvimento pessoal e espiritual.

CONCEITOS FUNDAMENTAIS

O Eneagrama é representado por um símbolo geométrico que consiste em um círculo, um triângulo interno e uma figura que representa uma hexade.

Este símbolo mapeia os nove tipos de personalidade do Eneagrama, cada um com suas motivações únicas, medos, desejos e padrões de comportamento. Os tipos são numerados de 1 a 9 e estão interconectados por linhas com flechas que indicam direções de evolução e involução.

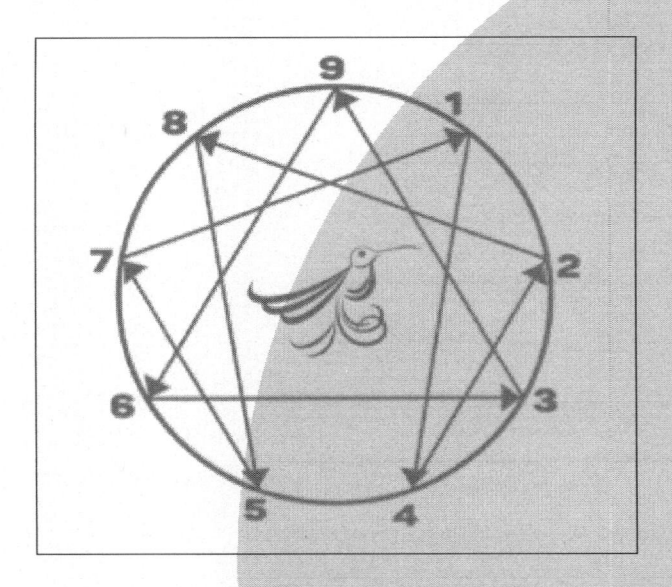

Cada tipo de personalidade do Eneagrama é um arquétipo que descreve uma maneira específica de pensar, sentir e agir no mundo, juntamente com uma via particular de crescimento espiritual e emocional. Além dos tipos principais, o Eneagrama também explora as "asas" (tipos vizinhos que influenciam cada personalidade principal) e os "subtipos" (variações dentro de cada tipo, baseadas em instintos predominantes).

DESENVOLVIMENTO PESSOAL ATRAVÉS DO ENEAGRAMA

O Eneagrama serve como uma bússola para o autoconhecimento profundo, revelando não apenas as qualidades e dons de cada tipo, mas também as limitações e armadilhas potenciais. Ao compreender nosso tipo de personalidade do Eneagrama, ganhamos *insights* valiosos sobre nossas motivações inconscientes, medos e desejos, o que nos permite abordar nossas vidas com maior compaixão, compreensão e intencionalidade.

Este sistema não apenas aponta para áreas de desenvolvimento pessoal, mas também oferece caminhos concretos para o crescimento e a integração.

Por exemplo, pode revelar como um Tipo 3, motivado pelo sucesso, é capaz de encontrar autenticidade e valor intrínseco, ou como um Tipo 6, propenso à ansiedade, tem a possibilidade de desenvolver confiança e coragem.

PERSONALIDADE VERSUS ESSÊNCIA

Uma distinção fundamental no estudo do Eneagrama é entre "personalidade" e "essência". A personalidade é composta por padrões de pensamento, emoção e comportamento adquiridos, muitas vezes em resposta às nossas experiências iniciais de vida. É uma estrutura adaptativa que nos ajuda a navegar no mundo, mas pode nos afastar de nossa verdadeira natureza ou essência.

A essência, por outro lado, refere-se ao nosso núcleo mais autêntico e inalterado, a fonte pura de ser que transcende a personalidade adquirida. O trabalho com o Eneagrama não é apenas sobre entender nossa personalidade, mas sobre reconectar com essa essência, permitindo-nos viver de forma mais plena, autêntica e alinhada com nosso propósito de vida.

Ao explorar o Eneagrama, embarcamos em uma jornada de autoexploração que nos desafia a transcender a superficialidade da personalidade e a redescobrir a profundidade de nossa essência. É uma ferramenta de transformação que nos convida a viver com maior consciência, liberdade e amor.

AS ORIGENS DO ENEAGRAMA

As origens do Eneagrama são tão ricas e multifacetadas quanto os sistemas de crenças e as tradições espirituais de onde ele emerge. Este antigo símbolo, que hoje nos serve como uma profunda ferramenta de autoconhecimento, tem suas raízes dispersas através de várias eras e culturas, entrelaçando a sabedoria mística com a busca humana por compreensão e transformação.

Embora a história exata do Eneagrama seja difícil de rastrear, acredita-se que suas raízes remontem à Antiguidade, com influências que podem ser encontradas no sufismo, no cristianismo místico, e nas tradições esotéricas do Oriente Médio. Essas tradições antigas usavam o Eneagrama como um símbolo sagrado, representando a ordem do universo, o processo de evolução espiritual e a interconexão de todas as coisas.

O renascimento do Eneagrama no século XX pode ser creditado a George Gurdjieff, um místico e professor espiritual, que apresentou o Eneagrama ao mundo ocidental como um símbolo universal da transformação do ser humano. Gurdjieff via o Eneagrama como uma chave para entender os processos dinâmicos da existência e a jornada da alma humana em direção ao despertar e à realização.

Foi, contudo, através do trabalho pioneiro de Oscar Ichazo, Claudio Naranjo e outros estudiosos no final do século XX que o Eneagrama foi sistematizado na forma que conhecemos hoje: uma ferramenta de tipologia psicológica que mapeia nove tipos de personalidade do Eneagrama. Ichazo e Naranjo, integrando *insights* psicológicos modernos com a sabedoria espiritual antiga, desenvolveram uma compreensão detalhada dos nove tipos, suas motivações, medos, desejos e caminhos de desenvolvimento.

Hoje, o Eneagrama é utilizado em todo o mundo como uma ferramenta poderosa para o autoconhecimento, crescimento pessoal e desenvolvimento espiritual. Através do seu estudo, profissionais do desenvolvimento humano, terapeutas, professores, espiritualistas encontram uma linguagem comum para explorar a complexidade da natureza humana, facilitando a compreensão de si mesmo e dos outros, promovendo empatia, comunicação e transformação profunda.

O Eneagrama, portanto, nos convida a embarcar em uma jornada de volta às nossas raízes mais profundas, não apenas históricas, mas também espirituais, oferecendo um caminho para a descoberta de nossa verdadeira essência e o cumprimento de nosso potencial mais elevado.

CONCEITOS FUNDAMENTAIS DO ENEAGRAMA

O Eneagrama é uma estrutura complexa que se baseia em vários conceitos fundamentais, oferecendo uma visão abrangente das dinâmicas humanas. Este sistema não apenas categoriza tipos de personalidade do Eneagrama, mas também descreve caminhos de crescimento e integração para cada um, tornando-se uma poderosa ferramenta para o desenvolvimento pessoal e espiritual.

O símbolo do Eneagrama consiste em um círculo, dentro do qual se encontra um triângulo e uma figura hexagonal. Esse desenho geométrico não é aleatório; cada ponto do círculo representa um dos nove tipos de personalidade do Eneagrama, cada um com suas características, desejos, medos e motivações únicos. O triângulo e a figura hexagonal conectam os pontos em padrões específicos, indicando as relações dinâmicas entre os diferentes tipos, incluindo caminhos de integração e desintegração.

O coração do Eneagrama é a descrição dos nove tipos de personalidade. Cada tipo é um arquétipo que encapsula uma maneira particular de ser no mundo, com padrões específicos de pensamento, emoção e ação. Esses tipos são numerados de 1 a 9, sem uma ordem de valor, cada um apresentando potenciais para virtudes e desafios específicos. Porém, aqui na Escola MEDA sempre ensinamos o Eneagrama a partir do Tipo 8, que é o primeiro Tipo Instintivo, em conjunto com o Tipo 9 e o Tipo 1, depois os Tipos Emocionais 2, 3 e Tipo 4 e por fim os Tipos Mentais 5, 6 e 7.

No caminho das Flechas, o Eneagrama mostra que, sob estresse, tendemos a adotar características negativas de um tipo diferente do nosso (desintegração), enquanto o crescimento nos leva a adquirir qualidades positivas de outro tipo (integração). Esses movimentos são fundamentais para entender nossos processos de desenvolvimento pessoal, oferecendo pistas sobre como podemos evoluir e enfrentar desafios de maneira construtiva.

Além dos nove tipos centrais e seus movimentos de flechas, o Eneagrama também explora as "asas", que são os tipos adjacentes a cada número principal, influenciando e matizando a expressão do tipo central. Os "subtipos" refletem variações dentro de cada tipo, baseadas em instintos predominantes: autopreservação, social e sexual. Essas camadas adicionais de complexidade permitem uma compreensão mais matizada e personalizada de cada indivíduo.

Para aprender tudo sobre as FLECHAS, as ASAS, os SUBTIPOS INSTINTIVOS, inclusive os NÍVEIS DE CONSCIÊNCIA, o convido a ler o meu livro: "Eneagrama dos Subtipos: Asas, Flechas e Instintos", desta mesma editora, pois estes assuntos não farão parte do contexto deste nosso livro.

O estudo do Eneagrama nos convida a um processo contínuo de aprendizado e transformação, no qual a meta não é apenas entender quem somos, mas também abrir caminho para quem podemos nos tornar. É uma ferramenta que ilumina o caminho para a autenticidade, a compaixão e a plenitude de vida.

DESENVOLVIMENTO PESSOAL ATRAVÉS DO ENEAGRAMA

O Eneagrama transcende a mera categorização de tipos de personalidade, revelando-se como uma poderosa ferramenta para o desenvolvimento pessoal e espiritual. Ao mergulhar nos ensinamentos do Eneagrama, desbloqueamos um caminho transformador que nos conduz ao autoconhecimento profundo, à compreensão dos outros e à realização da nossa essência mais verdadeira.

O primeiro passo no uso do Eneagrama para o desenvolvimento pessoal é o reconhecimento do próprio tipo de personalidade do Eneagrama. Este processo de identificação vai além da simples autodefinição; trata-se de uma jornada de autoconhecimento que desvenda nossas motivações mais íntimas, nossos medos fundamentais e nossos desejos mais profundos. Com esse entendimento, somos convidados a nos aceitar plenamente — reconhecendo tanto nossas virtudes quanto nossas limitações.

A verdadeira beleza do Eneagrama reside em sua capacidade de mapear caminhos de crescimento para cada tipo de personalidade. Ao compreender nossas tendências automáticas, podemos conscientemente trabalhar para superar nossos desafios específicos e cultivar qualidades positivas associadas a outros tipos no Eneagrama. Este é um processo de transformação, em que gradualmente transcendemos as limitações de nossa personalidade para acessar um estado de maior equilíbrio, harmonia e autenticidade.

O Eneagrama também nos ajuda a enfrentar e integrar aspectos de nossa "sombra" — aqueles aspectos de nós mesmos que preferimos não ver ou reconhecer. Ao abraçar essas partes sombrias, tornamo-nos mais inteiros e autênticos, liberando-nos de padrões de comportamento disfuncionais que nos impedem de viver plenamente.

Além do trabalho interior, o Eneagrama promove uma compreensão mais profunda dos outros. Ao reconhecer que cada pessoa opera a partir de seu próprio modelo de mundo, baseado em seu tipo de personalidade do Eneagrama, somos capazes de cultivar maior empatia, paciência e compaixão. Essa compreensão mútua é fundamental para construir relacionamentos saudáveis e significativos.

Finalmente, o Eneagrama é uma bússola que nos orienta na descoberta e realização do nosso propósito de vida. Ao alinhar nossas ações e escolhas com os *insights* proporcionados pelo nosso tipo de personalidade, encontramos um sentido de direção e significado mais profundo. Este alinhamento nos capacita a viver de forma mais intencional e realizada, contribuindo de maneira única para o mundo ao nosso redor.

PERSONALIDADE VERSUS ESSÊNCIA

A distinção entre personalidade e essência é central para a compreensão e aplicação do Eneagrama no desenvolvimento pessoal e espiritual. Esta diferenciação não apenas nos ajuda a navegar pelo nosso crescimento interior, mas também ilumina o caminho para uma vida mais autêntica e alinhada com nosso verdadeiro propósito.

A personalidade, conforme delineada pelo Eneagrama, reflete as características, comportamentos e padrões de pensamento que desenvolvemos ao longo da vida. Ela é em grande parte uma construção do ego, criada para nos proteger, nos adaptar ao nosso ambiente e atender às nossas necessidades básicas de segurança, afeto e autoestima. Embora útil para a navegação no mundo, a personalidade muitas vezes nos mantém presos em ciclos de comportamento automático e reativo, distanciando-nos de nossa verdadeira natureza ou essência.

Em contraste, a essência representa nosso núcleo mais autêntico e inalterável, a parte de nós que é intrinsecamente pura, sábia e conectada com o todo. É o aspecto de nosso ser que transcende o ego e suas construções, refletindo nossa verdadeira identidade espiritual. A essência é a fonte de nossa capacidade de amar incondicionalmente, de experimentar uma profunda paz interior e de acessar uma sabedoria além da lógica e do raciocínio.

O trajeto do desenvolvimento pessoal e espiritual, conforme facilitado pelo Eneagrama, pode ser visto como uma jornada de reconhecimento e reconciliação entre nossa personalidade e nossa essência. Inicialmente, podemos experimentar um conflito interno, à medida que os impulsos do ego se chocam com o chamado suave de nossa essência. Contudo, à medida que avançamos em nossa compreensão do Eneagrama e aplicamos seus *insights*, começamos a perceber como a personalidade pode servir como um veículo para a expressão de nossa essência, em vez de ser um obstáculo a ela.

O Eneagrama nos oferece um mapa detalhado dessa jornada, destacando os caminhos específicos de crescimento para cada tipo de personalidade do Eneagrama. Ele nos ensina como nossas qualidades e desafios únicos podem ser transformados em portais para a descoberta e a expressão de nossa essência. Por exemplo, um Tipo 2 pode aprender a canalizar seu desejo de ajudar os outros em uma expressão autêntica de compaixão que emerge de sua essência, em vez de buscar validação externa.

Quando começamos a viver mais alinhados com nossa essência, experimentamos uma sensação de liberdade, propósito e alegria que transcende as circunstâncias externas. Nosso relacionamento conosco mesmo e com os outros torna-se mais genuíno e enriquecedor. O Eneagrama, nesse sentido, não é apenas uma ferramenta de autoconhecimento, mas uma bússola que nos orienta de volta ao lar, à nossa verdadeira natureza.

O Eneagrama, portanto, serve como um convite para explorarmos as profundezas de quem realmente somos, oferecendo-nos a chave para uma vida mais plena, autêntica e significativa. É uma jornada de retorno à essência, na qual a personalidade se torna uma expressão consciente de nossa verdadeira identidade espiritual.

CAPÍTULO 2:

OS CENTROS DE INTELIGÊNCIA E AS PERSONALIDADES

O CENTRO INSTINTIVO

Dentro da sabedoria profunda do Eneagrama, os nove tipos de personalidade são distribuídos entre três centros de inteligência: o Instintivo, o Emocional e o Mental. Esses centros refletem as principais formas pelas quais interagimos com o mundo e processamos nossas experiências. Começaremos explorando o Centro Instintivo, que inclui os Tipos 8 (O Poderoso), 9 (O Mediador) e 1 (O Perfeccionista).

O CENTRO INSTINTIVO: AÇÃO E REAÇÃO

O Centro Instintivo é a sede da nossa energia vital, da nossa vontade de viver e da nossa capacidade de reagir instantaneamente ao ambiente para atender às nossas necessidades básicas. Este centro está ligado à nossa sobrevivência física, à nossa capacidade de estar presentes no momento e à nossa conexão intuitiva com o instinto gutural que orienta nossas decisões mais fundamentais. Os tipos de personalidade associados a este centro são motivados por uma busca inconsciente de autonomia, conforto e correção.

Tipo 8 - O Poderoso: Os Oitos são a personificação da força e do poder. Movidos por uma intensa vontade de serem independentes e de resistirem ao controle externo, eles exibem uma presença dominante e assertiva. O desafio para os Oitos está em reconhecer sua vulnerabilidade e em aprender a confiar nos outros, permitindo que sua força interior promova a proteção e o empoderamento de todos ao seu redor.

Tipo 9 - O Mediador: Os Noves buscam a harmonia e a paz interior e exterior. Eles são mestres em mediar conflitos e naturalmente inclinados a ver todos os pontos de vista. No entanto, essa busca por paz pode levá-los a evitar confrontos necessários e a negligenciar suas próprias necessidades e desejos. O crescimento para os Noves envolve afirmar-se e reconhecer que sua presença e opiniões têm um valor imenso.

Tipo 1 - O Perfeccionista: Os Uns são movidos por um senso profundo de certo e errado, buscando melhorar constantemente a si mesmos, aos outros e ao mundo ao seu redor. Eles são meticulosos, dedicados e têm altos padrões éticos. O desafio para os Uns é aprender a aceitar a imperfeição, a sua e a dos outros, e encontrar o equilíbrio entre a crítica e a aceitação, percebendo que a perfeição é um ideal inatingível.

A Jornada do Centro Instintivo

Para os tipos de personalidade do Centro Instintivo, a jornada de desenvolvimento envolve reconhecer e integrar sua energia física e sua capacidade de ação com maior consciência. Isso significa aprender a pausar e refletir antes de reagir, honrando sua intuição e instintos, enquanto também consideram o impacto de suas ações em si mesmos e nos outros. Ao fazer isso, eles podem canalizar sua poderosa energia instintiva de maneiras que promovam o bem-estar, a justiça e a harmonia em suas vidas e na comunidade ao seu redor.

Aprofundar-se no entendimento dos centros de inteligência do Eneagrama e, em particular, do Centro Instintivo, oferece *insights* valiosos sobre nossas motivações mais profundas, desafios e potenciais caminhos de crescimento. Ao explorar e integrar as qualidades únicas do Centro Instintivo, os Tipos 8, 9 e 1 podem alcançar uma expressão mais equilibrada e plena de si mesmos.

O CENTRO EMOCIONAL

O Centro Emocional, compreendendo os Tipos 2 (O Ajudante), 3 (O Vencedor) e 4 (O Intenso), é a sede das nossas emoções, relacionamentos e imagem de si. Este centro está intimamente ligado à nossa capacidade de sentir, expressar e processar emoções, bem como à nossa identidade e à maneira como nos vemos e queremos ser vistos pelos outros. A busca inconsciente dos tipos deste centro é por amor, valor e identidade.

O CENTRO EMOCIONAL: SENTIMENTO E IDENTIDADE

Tipo 2 - O Ajudante: Os Dois são calorosos, cuidadosos e atentos às necessidades dos outros, muitas vezes colocando essas necessidades acima das suas próprias. Eles buscam amor e apreciação através do ato de ajudar, às vezes ao ponto de se esquecerem de cuidar de si mesmos. O crescimento para os Dois envolve reconhecer seu próprio valor, independentemente de suas ações e aprender a expressar suas próprias necessidades e desejos.

Tipo 3 - O Vencedor: Os Três são focados, eficientes e altamente motivados pelo sucesso. Eles têm uma habilidade notável para se adaptar e alcançar seus objetivos, mas podem lutar com a autenticidade, muitas vezes se moldando ao que acreditam que os outros valorizam neles. Para os Três, o desenvolvimento pessoal passa por reconhecer seu valor inerente além das conquistas e permitir que sua verdadeira identidade e sentimentos venham à tona.

Tipo 4 - O Intenso: Os Quatro são criativos, sensíveis e emocionalmente ricos, com uma profunda necessidade de expressão individual e autenticidade. Eles podem se sentir incompreendidos ou diferentes dos outros, buscando identidade em sua singularidade. O desafio para os Quatro é equilibrar sua necessidade de ser especial com a aceitação de sua humanidade comum, encontrando significado no ordinário e estabelecendo uma identidade mais estável.

A Jornada do Centro Emocional

Para os tipos de personalidade do Centro Emocional, a jornada envolve a exploração e a integração de suas ricas vidas emocionais. Isso significa aprender a reconhecer e valorizar suas emoções como uma fonte de sabedoria e orientação, ao invés de serem levados por elas de maneira reativa. Ao cultivar a autenticidade, a autoaceitação e a expressão saudável de emoções, eles podem desenvolver relações mais genuínas consigo mesmos e com os outros.

Aprofundar-se na compreensão do Centro Emocional oferece aos Tipos 2, 3 e 4 a oportunidade de viver de forma mais autêntica e satisfatória, estabelecendo conexões mais profundas e significativas. Ao abraçar plenamente suas emoções e aprender a expressá-las de maneira construtiva, podem encontrar um senso de valor e identidade que é verdadeiramente seu, não dependente da validação externa.

O CENTRO MENTAL

O Centro Mental, que inclui os Tipos 5 (O Analítico), 6 (O Precavido) e 7 (O Otimista), é o núcleo do nosso processamento intelectual, pensamento e planejamento. Este centro está relacionado à nossa capacidade de perceber o mundo, analisar informações, antecipar problemas e encontrar soluções. A busca inconsciente dos tipos deste centro é por segurança, certeza e satisfação.

O CENTRO MENTAL: PENSAMENTO E PLANEJAMENTO

Tipo 5 - O Analítico: Os Cinco são analíticos, observadores e valorizam muito o conhecimento e a compreensão. Eles tendem a se sentir mais confortáveis no reino das ideias do que nas interações sociais, muitas vezes se retirando para seus próprios mundos internos. O crescimento para os Cinco envolve equilibrar sua sede de conhecimento com a participação no mundo, aprendendo a confiar mais em suas capacidades de lidar com a vida de maneira prática.

Tipo 6 - O Precavido: Os Seis são responsáveis, vigilantes e frequentemente preocupados com a segurança e a lealdade. Eles podem ser incrivelmente solidários e comprometidos, mas também lutam com a dúvida e a indecisão. Para os Seis, o desenvolvimento pessoal envolve cultivar a confiança interna e a fé, tanto em si mesmos quanto no universo, mitigando assim sua ansiedade e medo do futuro.

Tipo 7 - O Otimista: Os Sete são otimistas, versáteis e buscam prazer e satisfação. Eles amam a variedade e as experiências novas, mas podem evitar enfrentar dor e sofrimento, buscando escapar em planejamentos futuros e possibilidades. O desafio para os Sete é aprender a apreciar o momento presente e enfrentar a vida com todas as suas nuances, encontrando alegria não apenas nas novidades, mas também na profundidade e significado das experiências cotidianas.

A JORNADA DO CENTRO MENTAL

Para os tipos de personalidade do Centro Mental, a jornada de desenvolvimento envolve o equilíbrio entre o pensamento e a experiência direta. Isso significa aprender a usar seus dons intelectuais não como uma forma de se distanciar da realidade emocional ou física, mas como uma ferramenta para se engajar mais plenamente com a vida. Ao integrar mente e coração, eles podem abrir-se para uma compreensão mais holística da existência.

Desenvolver a capacidade de viver no "aqui e agora", confiar na intuição juntamente com a lógica e abraçar as incertezas da vida são passos importantes para os tipos do Centro Mental. Isso não apenas enriquece sua experiência de vida, mas também os ajuda a formar conexões mais profundas e significativas com os outros.

Aprofundar-se na compreensão do Centro Mental oferece aos Tipos 5, 6 e 7 a oportunidade de transcender as limitações do pensamento excessivamente analítico ou planejamento futuro, encontrando segurança e satisfação no equilíbrio entre a mente, o corpo e o espírito.

Explorar os Centros de Inteligência do Eneagrama nos ajuda a compreender as diferentes maneiras pelas quais os tipos de personalidade interagem com o mundo, processam informações e buscam cumprir suas necessidades básicas. Reconhecer e integrar os aspectos de cada centro pode levar a uma vida mais equilibrada e plena.

Agora que exploramos os Centros de Inteligência, estou à disposição para continuar nosso aprofundamento nos tipos de personalidade do Eneagrama ou em qualquer outro tópico que deseje explorar.

TIPO 8 - O PODEROSO: COMPREENSÃO PROFUNDA

O Tipo 8, conhecido como O Poderoso, carrega a essência da força, da proteção e do controle. Esta análise busca desvelar as camadas dessa personalidade robusta, explorando a origem de seus comportamentos padrões, a criança ferida interna, suas dores emocionais, motivações e os medos fundamentais.

Origem dos Comportamentos Padrões

O comportamento dominante e assertivo do Poderoso muitas vezes tem suas raízes na experiência da infância, em que a vulnerabilidade foi percebida como perigosa ou foi de alguma forma punida ou desvalorizada. Aprendendo cedo que mostrar fraqueza poderia resultar em dor ou abandono, o Tipo 8 desenvolve uma couraça de força e autoconfiança como mecanismo de defesa. Isso se traduz em uma necessidade de controlar o ambiente ao seu redor para proteger a si mesmo e aos que considera sob sua tutela.

A Criança Ferida

No coração do Tipo 8 jaz uma criança ferida que aprendeu a se dissociar da própria vulnerabilidade. Essa criança interior aprendeu que o mundo é um lugar perigoso, onde apenas os fortes sobrevivem e onde a confiança deve ser conquistada. Como resultado, o Tipo 8 pode lutar com a aceitação de sua própria sensibilidade e com a expressão de emoções mais suaves.

Dores Emocionais

A dor emocional do Tipo 8 frequentemente gira em torno de sentir-se traído ou manipulado. Há uma profunda aversão a ser controlado ou a sentir-se impotente, o que pode levar a uma hipervigilância sobre as intenções dos outros. Essa sensibilidade à traição pode tornar desafiador para os 8s abrirem-se e confiarem, mantendo os outros a uma distância segura para proteger seu coração ferido.

Motivações

O Poderoso é motivado por um desejo de proteger a si mesmo e aos outros, buscando criar um ambiente seguro onde a vulnerabilidade possa ser minimizada. Eles são impulsionados por uma busca de justiça, desejando corrigir erros e lutar contra injustiças, muitas vezes se posicionando como defensores dos desamparados ou oprimidos.

Medos Fundamentais

O medo fundamental do Tipo 8 é ser vulnerável ou ferido. Há uma preocupação subjacente com a possibilidade de ser traído ou controlado, o que pode levar a um esforço contínuo para manter a força e a independência. Essa preocupação com a vulnerabilidade pode manifestar-se em um desejo de sempre estar no controle das situações e relações.

O caminho de crescimento para o Tipo 8 envolve o reconhecimento e a integração de sua vulnerabilidade como uma força, não como uma fraqueza. Ao abraçar a própria sensibilidade e permitir-se confiar nos outros, o Poderoso pode encontrar um equilíbrio entre força e suavidade, proteção e abertura, dominando a arte de ser poderoso sem perder a conexão com a própria humanidade.

TIPO 9 - O MEDIADOR: COMPREENSÃO PROFUNDA

O Tipo 9, conhecido como O Mediador, é a personificação da busca pela paz, harmonia e unidade. Este segmento explora as profundezas do Mediador, desvendando a origem de seus comportamentos padrões, a criança ferida, suas dores emocionais, motivações e medos fundamentais.

Origem dos Comportamentos Padrões

Os comportamentos padrões do Mediador frequentemente se originam em experiências precoces nas quais sua presença, opiniões ou desejos foram negligenciados ou desvalorizados. Aprendendo a se adaptar ao ambiente, minimizando suas próprias necessidades para evitar conflitos, o Tipo 9 desenvolve um padrão de apaziguamento e conciliação, muitas vezes colocando a paz exterior acima da satisfação interior.

A Criança Ferida

A criança ferida dentro do Mediador aprendeu cedo que harmonia e aceitação muitas vezes vêm ao custo de suprimir sua própria voz e desejos. Isso pode criar um padrão de esquecimento de si, onde o Tipo 9 se distancia de suas próprias necessidades e aspirações em favor de manter a paz e o conforto dos outros.

Dores Emocionais

A dor emocional do Tipo 9 está frequentemente ligada a um sentimento de invisibilidade ou insignificância, uma sensação de que suas presenças e contribuições são desconsideradas. Esse sentimento pode levar à resignação, na qual o Mediador pode se tornar complacente ou desengajado, lutando para perceber seu próprio valor e capacidade de impactar o mundo ao seu redor.

Motivações

O Mediador é motivado por um desejo profundo de paz interna e externa, buscando criar um ambiente de harmonia e aceitação. Eles aspiram a uma existência onde possam se sentir conectados e em unidade com os outros e o mundo, evitando conflitos e discordâncias que possam perturbar essa conexão.

Medos Fundamentais

O medo fundamental do Tipo 9 é de perda e separação, uma preocupação subjacente de que afirmar-se ou expressar desacordos pode levar ao isolamento ou ao distanciamento dos outros. Esse medo pode motivar o comportamento de apaziguamento do Mediador, na tentativa de manter a conexão e evitar a discordância a todo custo.

O caminho de crescimento para o Tipo 9 envolve reconhecer e valorizar sua própria voz e necessidades, aprendendo que a verdadeira paz não vem da supressão do self, mas da expressão autêntica e do engajamento pleno com a vida. Ao se afirmarem e se engajarem mais ativamente, os Mediadores podem descobrir que sua presença e opiniões não apenas contribuem para a harmonia geral, mas também são essenciais para a criação de relações verdadeiramente satisfatórias e significativas.

TIPO 1 - O PERFECCIONISTA: COMPREENSÃO PROFUNDA

O Tipo 1, conhecido como O Perfeccionista, encapsula a busca por integridade, ordem e aprimoramento contínuo. Esta seção mergulha nas raízes dessa personalidade estruturada, abordando a origem de seus comportamentos padrões, a criança ferida, dores emocionais, motivações e os medos fundamentais.

Origem dos Comportamentos Padrões

Os comportamentos padrões do Perfeccionista muitas vezes se originam em experiências de infância em que altos padrões foram impostos, seja diretamente por figuras de autoridade ou indiretamente, através da observação dos valores familiares ou culturais. Aprender que amor e aceitação podem estar condicionados ao desempenho ou à conformidade com normas específicas pode levar o Tipo 1 a desenvolver uma crítica interna rigorosa e uma busca incessante pela perfeição.

A Criança Ferida

A criança ferida dentro do Perfeccionista carrega o peso de expectativas internas e externas não atendidas, frequentemente sentindo-se deficiente ou inadequada. Este aspecto do Tipo 1 aprendeu a valorizar a ordem e o controle como meios de ganhar aprovação e evitar erros, o que pode levar a uma rigidez e a uma luta interna contínua entre o desejo de perfeição e a realidade da imperfeição humana.

Dores Emocionais

A dor emocional do Tipo 1 está frequentemente associada à frustração e à raiva reprimida, resultados da percepção de que o mundo e as pessoas ao seu redor não atendem aos seus altos padrões. Esse sentimento pode manifestar-se como um senso crítico agudo, tanto em relação a si mesmos quanto aos outros, criando uma tensão interna entre o que é e o que "deveria ser".

Motivações

O Perfeccionista é motivado por um desejo profundo de melhorar o mundo, corrigir erros e viver de acordo com princípios éticos elevados. Eles buscam a integridade em todas as suas ações e decisões, aspirando a um ideal de ordem e perfeição que guia seu comportamento e julgamentos.

Medos Fundamentais

O medo fundamental do Tipo 1 é o de ser corrupto, inadequado ou fundamentalmente errado de alguma forma. Há uma luta contínua contra qualquer falha ou imperfeição, impulsionada pela crença de que essas falhas os tornam indignos de amor ou respeito.

O caminho de crescimento para o Tipo 1 envolve o reconhecimento de que a perfeição é um ideal inatingível e que erros e falhas são parte integrante da condição humana. Aprender a aceitar a si mesmos e aos outros com compaixão e sem julgamento pode liberar os Perfeccionistas da tirania da crítica interna, permitindo-lhes viver com maior serenidade, aceitação e alegria genuína nas imperfeições da vida.

TIPO 2 - O AJUDANTE: COMPREENSÃO PROFUNDA

O Tipo 2, conhecido como O Ajudante, é a personificação do altruísmo, da generosidade e da necessidade de ser necessário. Este segmento aprofunda-se nas características do Ajudante, explorando a origem de seus comportamentos padrões, a criança ferida, as dores emocionais, as motivações e os medos fundamentais.

Origem dos Comportamentos Padrões

Os comportamentos padrões do Ajudante muitas vezes se originam em experiências de infância que enfatizaram a importância de cuidar dos outros e ser útil como uma forma de ganhar amor e apreciação. Isso pode levar o Tipo 2 a desenvolver uma forte sensibilidade às necessidades alheias, muitas vezes colocando-as acima das suas próprias, na busca incessante de afirmação e valorização através do reconhecimento externo.

A Criança Ferida

A criança ferida dentro do Ajudante carrega o medo de ser indesejada ou não amada por si mesma, mas apenas valorizada por suas ações e pelo que pode oferecer aos outros. Esse aspecto do Tipo 2 aprendeu cedo que a expressão de suas próprias necessidades pode resultar em rejeição ou negligência, levando a uma predisposição para o autoesquecimento e uma busca constante por validação através do serviço.

Dores Emocionais

A dor emocional do Tipo 2 está frequentemente ligada a um sentimento de não ser apreciado ou reconhecido por seus esforços. Esse sentimento de ser tomado como garantido pode levar a um ressentimento subterrâneo, uma vez que o Ajudante luta com a discrepância entre o amor e o cuidado que oferece e a validação que recebe em troca.

Motivações

O Ajudante é motivado por um desejo profundo de ser amado e considerado importante na vida das pessoas. Eles buscam criar conexões significativas, expressando amor e cuidado, na esperança de que tais gestos solidifiquem seu valor e lugar no coração dos outros.

Medos Fundamentais

O medo fundamental do Tipo 2 é ser indesejável ou de não ser amado por quem são, levando a uma dependência da aprovação e da apreciação externas como fontes de autoestima e identidade.

O caminho de crescimento para o Tipo 2 envolve reconhecer sua própria valia independente de suas ações ou do quanto eles se sacrificam pelos outros. Aprender a identificar e expressar suas próprias necessidades, bem como a aceitar o amor e a gratidão sem condições, pode ajudar os Ajudantes a encontrar um equilíbrio saudável entre dar e receber, permitindo-lhes experimentar relacionamentos mais autênticos e satisfatórios.

TIPO 3 - O VENCEDOR: COMPREENSÃO PROFUNDA

O Tipo 3, conhecido como O Vencedor, simboliza a busca por sucesso, realização e reconhecimento. Este capítulo se aprofunda nas nuances do Vencedor, explorando as origens de seus comportamentos padrões, a criança ferida interna, dores emocionais, motivações e medos fundamentais.

Origem dos Comportamentos Padrões

Os comportamentos padrões do Vencedor geralmente têm raízes em experiências iniciais que valorizavam o desempenho, a eficiência e o sucesso como medidas de valor próprio. O Tipo 3 aprende cedo a adaptar-se e moldar-se para atender a essas expectativas, desenvolvendo uma habilidade camaleônica para se destacar e ser reconhecido em diversos contextos, muitas vezes priorizando a imagem de sucesso sobre a autenticidade.

A Criança Ferida

A criança ferida no Vencedor sentiu que o amor e a aprovação eram condicionados ao seu desempenho e realizações. Esse sentimento pode levar a uma desconexão de seus verdadeiros desejos e paixões, substituindo-os pelo que é admirado e valorizado socialmente. Como resultado, o Tipo 3 pode lutar com questões de identidade, questionando quem é além de suas conquistas.

Dores Emocionais

A dor emocional do Tipo 3 está frequentemente ligada ao medo do fracasso e da inadequação. Há uma preocupação constante de que, sem seus sucessos, eles podem não ser dignos de amor ou respeito. Essa pressão para manter uma imagem de sucesso pode resultar em exaustão e em um sentimento de vazio, especialmente quando o reconhecimento externo falha em satisfazer uma necessidade mais profunda de aceitação.

Motivações

O Vencedor é motivado por um desejo profundo de ser valorizado e admirado, buscando sucesso e eficiência em todas as áreas da vida como uma forma de assegurar sua valia e identidade. Eles aspiram a alcançar e superar metas, muitas vezes definindo seu valor através de suas realizações e da imagem que projetam para o mundo.

Medos Fundamentais

O medo fundamental do Tipo 3 é ser considerado fracassado ou insignificante. Há uma luta interna contra a percepção de inutilidade, que pode motivar seu incansável esforço para alcançar e manter uma imagem de sucesso.

O caminho de crescimento para o Tipo 3 envolve uma reavaliação do que significa ser verdadeiramente bem-sucedido. Ao reconectar-se com seus sentimentos e valores autênticos, desvinculando seu senso de valia das realizações externas, os Vencedores podem encontrar uma satisfação mais profunda e duradoura. Aprender a valorizar o processo tanto quanto o resultado e aceitar que a vulnerabilidade é parte integrante da humanidade pode ajudá-los a construir conexões mais genuínas consigo mesmos e com os outros.

TIPO 4 - O INTENSO: COMPREENSÃO PROFUNDA

O Tipo 4, conhecido como O Intenso, é marcado por uma busca profunda por identidade, significado e autenticidade. Este segmento explora as profundezas do Intenso, revelando as origens de seus comportamentos padrões, a criança ferida, as dores emocionais, as motivações e os medos fundamentais.

Origem dos Comportamentos Padrões

Os comportamentos padrões do Intenso muitas vezes emergem de experiências de infância que fomentaram uma sensação de ser fundamentalmente diferentes dos outros, possivelmente devido a sentimentos de incompreensão ou alienação. Essa percepção de deslocamento pode levar o Tipo 4 a enfatizar sua singularidade, buscando uma identidade distinta que os separe da percepção de ordinariedade.

A Criança Ferida

A criança ferida no Intenso experimentou, cedo na vida, uma sensação de falta ou deficiência, seja em termos de atenção, amor ou aceitação. Esse sentimento pode criar uma busca incessante por algo que preencha esse vazio interno, frequentemente idealizado e nunca completamente alcançado. O Intenso pode então se tornar preenchido por uma nostalgia do que é inatingível, alimentando um ciclo de desejo e insatisfação.

Dores Emocionais

A dor emocional do Tipo 4 está frequentemente ligada a um sentimento de inadequação e de não pertencimento. Há uma luta contínua com a sensação de ser internamente falho, acompanhada por um desejo de ser verdadeiramente visto e amado por quem é. Essa busca por autenticidade e significado pode resultar em altos e baixos emocionais, em que o Intenso se sente simultaneamente especial e defeituoso.

Motivações

O Intenso é motivado por um desejo profundo de expressar sua individualidade e experimentar uma conexão autêntica e significativa. Ele busca entender a si mesmo e ao mundo ao seu redor em um nível profundo, aspirando criar e viver de acordo com uma identidade única que reflita sua verdadeira essência.

Medos Fundamentais

O medo fundamental do Tipo 4 é o de não ter uma identidade definida ou de ser insignificante. Há um temor constante de ser ordinário ou de não ter algo especial que o distinga, o que pode levar a uma busca incessante por autoexpressão e significado.

O caminho de crescimento para o Tipo 4 envolve abraçar a ideia de que a autenticidade não necessariamente vem de ser diferente, mas de ser fiel a si mesmo, com todas as suas nuances e contradições. Ao aceitar a ordinariedade como parte da experiência humana e encontrar beleza e significado nas experiências comuns, os Intensos podem alcançar um senso de integridade e paz interior. Aprender a viver no presente, valorizando as conexões e experiências atuais, pode ajudá-los a encontrar a satisfação que buscam.

TIPO 5 - O ANALÍTICO: COMPREENSÃO PROFUNDA

O Tipo 5, conhecido como O Analítico, caracteriza-se pela busca por conhecimento, compreensão e autonomia. Este capítulo desvenda as camadas do Analítico, desde a origem de seus comportamentos padrões até a criança ferida, as dores emocionais, as motivações e os medos fundamentais.

Origem dos Comportamentos Padrões

Os comportamentos padrões do Analítico frequentemente têm suas raízes em experiências de infância que incentivaram a independência e a autossuficiência, ou situações em que se sentiram sobrecarregados por demandas externas, levando a uma retirada para o reino do pensamento e da observação. Essa tendência a se refugiar no intelecto serve como uma defesa contra a invasão do mundo exterior, buscando entender o ambiente antes de interagir com ele.

A Criança Ferida

A criança ferida no Analítico sentiu-se cedo deslocada ou oprimida pelas expectativas e emoções ao seu redor, aprendendo a valorizar a observação à distância como um meio de segurança. Esse aspecto do Tipo 5 pode desenvolver uma sensação de que o mundo é intrusivo e que a verdadeira paz e compreensão vêm do isolamento e do acúmulo de conhecimento.

Dores Emocionais

A dor emocional do Tipo 5 está frequentemente ligada a um sentimento de inadequação no mundo prático e de ser drenado por interações sociais. Há uma luta interna com a sensação de que o envolvimento com o mundo exige mais energia do que possuem, o que pode resultar em um maior isolamento e na sensação de serem externos aos acontecimentos ao seu redor.

Motivações

O Analítico é motivado por um desejo profundo de compreender o mundo, buscando conhecimento e especialização como meios de criar um senso de competência e autonomia. Eles aspiram a uma existência na qual possam sentir-se seguros em sua compreensão do mundo, usando seu intelecto como um refúgio e uma ferramenta para navegar na vida.

Medos Fundamentais

O medo fundamental do Tipo 5 é o de ser inútil ou incapaz, combinado com o temor de ser completamente drenado por demandas externas. Há uma preocupação constante com a conservação de recursos pessoais, seja energia, tempo ou conhecimento, motivada por um desejo de manter a autonomia e a independência.

O caminho de crescimento para o Tipo 5 envolve encontrar um equilíbrio entre o refúgio no intelecto e a participação no mundo. Ao reconhecer que o envolvimento com a vida enriquece sua compreensão e não a esgota, os Analíticos somente expandir suas experiências e conexões, encontrando segurança não apenas no conhecimento, mas também nas relações humanas. Aprender a compartilhar seus *insights* e energia com os outros pode revelar que o mundo é menos intrusivo e mais acolhedor do que temiam.

TIPO 6 - O PRECAVIDO: COMPREENSÃO PROFUNDA

O Tipo 6, conhecido como O Precavido, é caracterizado pela busca por segurança, orientação e apoio. Esta seção explora as profundezas do Precavido, abordando a origem de seus comportamentos padrões, a criança ferida, as dores emocionais, as motivações e os medos fundamentais.

Origem dos Comportamentos Padrões

Os comportamentos padrões do Precavido muitas vezes se originam de experiências de infância marcadas por incertezas ou por ambientes percebidos como inseguros ou imprevisíveis. Essas experiências incentivam o desenvolvimento de uma vigilância aguçada e uma tendência a antecipar problemas, buscando estratégias para mitigar riscos e garantir segurança.

A Criança Ferida

A criança ferida dentro do Precavido sentiu cedo a necessidade de estar sempre alerta e preparada para possíveis ameaças. Esse aspecto do Tipo 6 pode desenvolver uma desconfiança básica tanto em relação a si mesmo quanto ao mundo ao seu redor, muitas vezes buscando estruturas ou autoridades externas para orientação e segurança.

Dores Emocionais

A dor emocional do Tipo 6 está frequentemente ligada a um sentimento de ansiedade e dúvida. Há uma preocupação constante com a estabilidade e a confiabilidade das estruturas sociais, relacionamentos e de suas próprias capacidades de enfrentamento. Esse estado de alerta contínuo pode levar a um estresse significativo e à dificuldade em relaxar ou confiar plenamente em algo ou alguém.

Motivações

O Precavido é motivado por um desejo profundo de encontrar segurança e apoio num mundo percebido como ameaçador. Eles buscam criar um sistema de crenças ou alinhar-se com grupos ou indivíduos que possam proporcionar orientação e estabilidade, aspirando a um senso de pertencimento e proteção que mitigue suas ansiedades fundamentais.

Medos Fundamentais

O medo fundamental do Tipo 6 é o de ficar sem apoio e orientação, enfrentando o mundo sozinho. Há uma luta interna contra a incerteza e o medo de tomar decisões erradas, o que pode motivar sua busca por segurança externa e a tendência a questionar constantemente a si mesmo e aos outros.

O caminho de crescimento para o Tipo 6 envolve cultivar a confiança interna e reconhecer sua própria capacidade de enfrentamento e discernimento. Ao desenvolver a fé em si mesmo e na própria intuição, os Precavidos podem encontrar uma base mais sólida de segurança que não depende exclusivamente de fontes externas. Aprender a equilibrar a cautela com a coragem pode abrir novos caminhos para a liberdade e a realização pessoal.

TIPO 7 - O OTIMISTA: COMPREENSÃO PROFUNDA

O Tipo 7, conhecido como O Otimista, irradia entusiasmo, alegria e uma insaciável busca por experiências positivas. Esta parte explora a essência do Otimista, desvendando as origens de seus comportamentos padrões, a criança ferida, as dores emocionais, as motivações e os medos fundamentais.

Origem dos Comportamentos Padrões

Os comportamentos padrões do Otimista frequentemente têm suas raízes em experiências de infância em que houve uma necessidade de evitar a dor e o sofrimento, ou em ambientes que incentivaram a busca por prazer e satisfação. Essa predisposição ao otimismo e à busca por novidade pode levar o Tipo 7 a uma constante busca por estímulos, muitas vezes para evitar enfrentar sentimentos de vazio ou insatisfação interior.

A Criança Ferida

A criança ferida dentro do Otimista experimentou, cedo na vida, momentos em que se sentiu limitada ou incapaz de explorar plenamente suas curiosidades e interesses. Esse aspecto do Tipo 7 pode desenvolver uma aversão a restrições e um desejo de manter a liberdade de escolha e movimento, temendo o tédio e a monotonia como antíteses à sua essência vibrante.

Dores Emocionais

A dor emocional do Tipo 7 está frequentemente ligada a um medo de se confrontar com a dor, o tédio e os aspectos negativos da vida. Há uma luta interna com a aceitação de que a vida inclui desafios e momentos de tristeza, o que pode levar a um comportamento de evitação, buscando constantemente novas experiências e prazeres como uma forma de manter a dor e a insatisfação à distância.

Motivações

O Otimista é motivado por um desejo profundo de desfrutar a vida ao máximo, buscando felicidade, satisfação e abundância em todas as suas formas. Eles são impulsionados pela ideia de viver em um mundo de possibilidades ilimitadas, onde podem experimentar tudo o que a vida tem a oferecer, evitando sentimentos de dor e limitação.

Medos Fundamentais

O medo fundamental do Tipo 7 é ser aprisionado em dor emocional ou limitações, levando a uma vida de insatisfação. Há uma constante busca por liberdade e variedade, motivada por um desejo de evitar o sofrimento e manter um espírito elevado e positivo.

O caminho de crescimento para o Tipo 7 envolve reconhecer que a verdadeira satisfação não vem da constante busca por novas experiências, mas da capacidade de encontrar alegria e significado no presente, inclusive nos momentos desafiadores. Ao aprender a abraçar a totalidade da experiência humana, aceitando tanto a dor quanto o prazer, os Otimistas podem descobrir uma forma mais profunda e autêntica de felicidade.

Com isso, concluímos a exploração dos tipos de personalidade do Eneagrama centrados nos Instintivos, Emocionais e Mentais, começando pelo Tipo 8 e terminando no Tipo 7. Cada tipo revela um caminho único de desenvolvimento pessoal, oferecendo *insights* valiosos para uma jornada de crescimento e autoconhecimento.

TESTE PARA AVALIAR O NÍVEL DE MISSÃO DE VIDA DENTRO DO SEU TRAÇO DO ENEAGRAMA

Neste capítulo você terá a oportunidade de avaliar o nível de alinhamento da sua missão de vida e propósito dentro do seu Eneatipo. Este teste será a base para os trabalhos que vamos desenvolver juntos ao longo do livro.

TESTE DE AUTOAVALIAÇÃO: TIPO 8 - O PODEROSO

O Tipo 8 é conhecido por sua energia intensa, liderança natural e desejo de controle. Sua missão de vida está fortemente ligada à justiça, proteção dos vulneráveis e uso de seu poder de maneira construtiva. No entanto, é essencial que o Tipo 8 aprenda a equilibrar sua força com empatia e autocontrole, para evitar o excesso de dominação e impulsividade. Este teste foi criado para ajudar a identificar onde você está nessa jornada de autodescoberta e alinhamento com sua missão de vida.

Para cada afirmação, escolha a resposta que melhor reflete sua situação atual: **SIM, NÃO** ou **PRECISO APRENDER**.

Autoconhecimento e Autocontrole

1. Eu entendo quando estou agindo de maneira impulsiva e procuro controlar minhas reações.

( ) SIM ( ) NÃO ( ) PRECISO APRENDER

2. Sou capaz de equilibrar minha necessidade de controle com a confiança nos outros.

( ) SIM ( ) NÃO ( ) PRECISO APRENDER

3. Reconheço que mostrar vulnerabilidade também é uma forma de força e coragem.

( ) SIM ( ) NÃO ( ) PRECISO APRENDER

4. Sei que não preciso estar no controle de todas as situações para garantir o sucesso.

( ) SIM ( ) NÃO ( ) PRECISO APRENDER

5. Estou ciente de como minha energia afeta os outros e ajusto meu comportamento quando necessário.

( ) SIM ( ) NÃO ( ) PRECISO APRENDER

Liderança e Propósito

6. Eu uso minha liderança de forma construtiva, visando o bem de todos ao invés de apenas meu próprio interesse.

( ) SIM ( ) NÃO ( ) PRECISO APRENDER

7. Sinto que minha missão de vida está conectada à justiça e à proteção dos mais vulneráveis.

( ) SIM ( ) NÃO ( ) PRECISO APRENDER

8. Tenho clareza sobre como aplicar meu poder e influência de maneira que contribua para a sociedade.

( ) SIM ( ) NÃO ( ) PRECISO APRENDER

9. Quando lidero, eu pratico a escuta ativa, permitindo que as vozes dos outros sejam ouvidas e respeitadas.

( ) SIM ( ) NÃO ( ) PRECISO APRENDER

10. Eu sou capaz de delegar responsabilidades e confiar que os outros farão seu trabalho corretamente.

() SIM () NÃO () PRECISO APRENDER

Relacionamentos e Empatia

11. Nos meus relacionamentos, sou capaz de demonstrar empatia e reconhecer as necessidades emocionais das outras pessoas.

() SIM () NÃO () PRECISO APRENDER

12. Eu não sinto que preciso "ganhar" ou "vencer" em todas as discussões ou conflitos.

() SIM () NÃO () PRECISO APRENDER

13. Esforço-me para manter meus relacionamentos saudáveis, não impondo minha vontade sobre os outros.

() SIM () NÃO () PRECISO APRENDER

14. Quando algo me frustra ou irrita, sou capaz de parar, respirar e reagir de maneira calma e controlada.

() SIM () NÃO () PRECISO APRENDER

15. Sinto que consigo equilibrar a força e a compaixão em minhas interações com as pessoas.

() SIM () NÃO () PRECISO APRENDER

Qualidade de Vida e Autocuidado

16. Eu dedico tempo para cuidar da minha saúde física, canalizando minha energia de forma construtiva.

() SIM () NÃO () PRECISO APRENDER

17. Estou trabalhando para equilibrar minha força com momentos de vulnerabilidade e descanso emocional.

() SIM () NÃO () PRECISO APRENDER

18. Eu percebo quando estou sobrecarregado e permito-me delegar ou pedir ajuda sem me sentir fraco.

( ) SIM ( ) NÃO ( ) PRECISO APRENDER

19. Tenho uma prática regular que me ajuda a liberar o excesso de energia ou estresse, como exercício físico ou *hobbies*.

( ) SIM ( ) NÃO ( ) PRECISO APRENDER

20. Estou consciente da importância do equilíbrio entre trabalho, vida pessoal e autocuidado, e busco mantê-lo.

( ) SIM ( ) NÃO ( ) PRECISO APRENDER

Avaliando seu Progresso

Com base nas suas respostas, você pode identificar onde já está alinhado com sua missão de vida como Tipo 8 e onde ainda há áreas a serem trabalhadas:

Se você respondeu SIM à maioria das perguntas:

• Você está no caminho certo, utilizando seu poder e liderança de forma construtiva, equilibrando força com empatia e controle com confiança. Continue aplicando essas práticas para aprofundar ainda mais seu propósito e impacto no mundo.

Se você respondeu NÃO à maioria das perguntas:

• Este é um convite para refletir sobre como está usando sua energia e influência. Talvez você esteja se sobrecarregando com o desejo de controle ou lidando com desafios em suas relações. Trabalhe para desenvolver empatia e delegação, praticando o autocontrole e a escuta ativa.

Se você respondeu PRECISO APRENDER à maioria das perguntas:

• Você está em um estágio de aprendizado, onde está começando a reconhecer as áreas que precisam de mais atenção. Use esse momento para se abrir para novas práticas e se comprometer com o desenvolvimento contínuo do autocontrole, empatia e liderança compassiva.

TESTE DE AUTOAVALIAÇÃO: TIPO 9 - O MEDIADOR

O Tipo 9 é conhecido por sua busca pela paz e harmonia, tanto interna quanto externamente. Sua missão de vida está ligada à criação de ambientes harmoniosos e à mediação de conflitos. No entanto, o desafio do Tipo 9 é evitar a procrastinação e o apagamento de sua própria voz, muitas vezes ignorando suas próprias necessidades. Este teste o ajudará a identificar onde você está no caminho de alinhar sua vida com sua missão e propósito.

Para cada afirmação, escolha a resposta que melhor reflete sua situação atual: **SIM, NÃO** ou **PRECISO APRENDER**.

Autoconhecimento e Autoexpressão

1. Eu sou capaz de identificar e expressar claramente minhas necessidades e opiniões, mesmo quando há possibilidade de conflito.

( ) SIM ( ) NÃO ( ) PRECISO APRENDER

2. Tenho consciência de quando estou procrastinando para evitar situações desconfortáveis.

( ) SIM ( ) NÃO ( ) PRECISO APRENDER

3. Eu sei o que realmente quero e faço planos para alcançar meus objetivos pessoais.

( ) SIM ( ) NÃO ( ) PRECISO APRENDER

4. Consigo reconhecer quando estou evitando algo importante e me forço a agir, mesmo quando é difícil.

( ) SIM ( ) NÃO ( ) PRECISO APRENDER

5. Eu me coloco em primeiro lugar quando necessário, sem medo de causar desarmonia.

( ) SIM ( ) NÃO ( ) PRECISO APRENDER

Harmonia e Propósito

6. Eu contribuo ativamente para criar ambientes pacíficos, mas sem me anular no processo.

( ) SIM ( ) NÃO ( ) PRECISO APRENDER

7. Eu sei como mediar conflitos sem perder de vista minhas próprias opiniões e valores.

( ) SIM ( ) NÃO ( ) PRECISO APRENDER

8. Sinto que minha missão de vida está relacionada à construção de harmonia e ao apoio aos outros.

( ) SIM ( ) NÃO ( ) PRECISO APRENDER

9. Quando medido ou solicitado, sou capaz de tomar decisões firmes e expressar meu ponto de vista com clareza.

( ) SIM ( ) NÃO ( ) PRECISO APRENDER

10. Eu pratico a autoafirmação regularmente, certificando-me de que minha voz é ouvida, mesmo em situações desafiadoras.

( ) SIM ( ) NÃO ( ) PRECISO APRENDER

Relacionamentos e Proatividade

11. Nos meus relacionamentos, me esforço para equilibrar a escuta ativa com a expressão das minhas próprias opiniões.

() SIM () NÃO () PRECISO APRENDER

12. Eu não evito conflitos apenas para manter a paz, reconhecendo que algumas situações precisam ser resolvidas.

() SIM () NÃO () PRECISO APRENDER

13. Eu me mantenho presente e envolvido em decisões importantes, ao invés de deixar que os outros decidam por mim.

() SIM () NÃO () PRECISO APRENDER

14. Quando necessário, tomo a iniciativa em meus relacionamentos para resolver problemas ou tomar decisões.

() SIM () NÃO () PRECISO APRENDER

15. Sinto que consigo manter o equilíbrio entre agradar os outros e defender minhas próprias necessidades.

() SIM () NÃO () PRECISO APRENDER

Qualidade de Vida e Autodisciplina

16. Eu estabeleço e sigo uma rotina diária que me ajuda a manter o equilíbrio emocional e físico.

() SIM () NÃO () PRECISO APRENDER

17. Eu dedico tempo suficiente para cuidar de mim, priorizando meu bem-estar e não apenas o dos outros.

() SIM () NÃO () PRECISO APRENDER

18. Eu sou capaz de me manter focado e disciplinado, mesmo em tarefas que não são imediatamente agradáveis.

( ) SIM ( ) NÃO ( ) PRECISO APRENDER

19. Tenho uma prática regular de autocuidado que me ajuda a manter o equilíbrio entre meus desejos e minhas responsabilidades.

( ) SIM ( ) NÃO ( ) PRECISO APRENDER

20. Eu reconheço a importância de me movimentar e agir, e estou sempre buscando formas de ser mais proativo no dia a dia.

( ) SIM ( ) NÃO ( ) PRECISO APRENDER

Avaliando seu Progresso

Com base nas suas respostas, veja onde você está em seu caminho como **Tipo 9 - O Mediador** e quais áreas precisam de mais atenção:

Se você respondeu SIM à maioria das perguntas:

• Você está conseguindo equilibrar sua busca por harmonia com a expressão das suas próprias necessidades. Continue a se manter proativo, assegurando que sua voz seja ouvida e que suas ações estejam alinhadas com seus valores.

Se você respondeu NÃO à maioria das perguntas:

• Talvez você esteja evitando conflitos e apagando sua própria voz para manter a paz. Trabalhe para reconhecer suas necessidades e expressá-las de forma saudável, sem sacrificar sua presença e relevância nas situações.

Se você respondeu PRECISO APRENDER à maioria das perguntas:

• Você está em um estágio de aprendizado e crescimento, e isso é positivo. Use este momento para desenvolver práticas que o ajudem a ser mais assertivo e proativo, equilibrando a busca pela paz com a necessidade de ação.

TESTE DE AUTOAVALIAÇÃO: TIPO 1 - O PERFECCIONISTA

O Tipo 1 é movido por um forte senso de certo e errado, com uma busca constante pela perfeição e melhoria. Sua missão de vida muitas vezes envolve trazer ordem, justiça e integridade ao mundo. No entanto, o Tipo 1 pode se tornar rígido e autocrítico, perdendo de vista a importância da flexibilidade e da aceitação. Este teste foi criado para ajudar você a entender onde está no caminho de alinhamento com sua missão de vida e propósito.

Para cada afirmação, escolha a resposta que melhor reflete sua situação atual: **SIM, NÃO** ou **PRECISO APRENDER**.

Autoconhecimento e Autoaceitação

1. Eu reconheço que a perfeição é inatingível e aceito quando as coisas não saem exatamente como planejei.

( ) SIM ( ) NÃO ( ) PRECISO APRENDER

2. Tenho consciência dos meus padrões de autocrítica e estou trabalhando para ser mais compassivo comigo mesmo.

( ) SIM ( ) NÃO ( ) PRECISO APRENDER

3. Eu sei quando é hora de flexibilizar meus altos padrões e aceitar que o suficiente já é bom.

( ) SIM ( ) NÃO ( ) PRECISO APRENDER

4. Sou capaz de ver o valor nas diferentes abordagens dos outros, mesmo quando não seguem meus padrões pessoais.

() SIM () NÃO () PRECISO APRENDER

5. Estou ciente de que, às vezes, minha busca pela perfeição pode me impedir de aproveitar o momento presente.

() SIM () NÃO () PRECISO APRENDER

Integridade e Propósito

6. Minhas ações e decisões estão alinhadas com meus valores mais profundos, e eu me esforço para viver com integridade.

() SIM () NÃO () PRECISO APRENDER

7. Eu sinto que minha missão de vida está ligada à justiça e à melhoria do mundo ao meu redor.

() SIM () NÃO () PRECISO APRENDER

8. Quando enfrento desafios, sou capaz de manter minha integridade sem ser excessivamente rígido ou dogmático.

() SIM () NÃO () PRECISO APRENDER

9. Estou aprendendo a priorizar o que é realmente importante, em vez de me perder em detalhes menores.

() SIM () NÃO () PRECISO APRENDER

10. Sei como equilibrar minha busca por melhoria com a aceitação de que a imperfeição faz parte da vida.

() SIM () NÃO () PRECISO APRENDER

Relacionamentos e Flexibilidade

11. Nos meus relacionamentos, sou capaz de ser flexível e aceitar as imperfeições dos outros sem ser excessivamente crítico.

() SIM () NÃO () PRECISO APRENDER

12. Eu reconheço quando minha necessidade de controle ou correção está afetando negativamente meus relacionamentos.

( ) SIM ( ) NÃO ( ) PRECISO APRENDER

13. Estou trabalhando para criar espaço para o erro e para o aprendizado, tanto em mim quanto nos outros.

( ) SIM ( ) NÃO ( ) PRECISO APRENDER

14. Nos momentos de conflito, sou capaz de buscar soluções justas sem impor minhas próprias regras ou padrões.

( ) SIM ( ) NÃO ( ) PRECISO APRENDER

15. Sinto que consigo equilibrar a busca por justiça com compaixão e compreensão nos meus relacionamentos.

( ) SIM ( ) NÃO ( ) PRECISO APRENDER

Qualidade de Vida e Autocuidado

16. Eu sei como equilibrar minha dedicação ao trabalho com momentos de descanso e relaxamento.

( ) SIM ( ) NÃO ( ) PRECISO APRENDER

17. Eu reconheço a importância de cuidar da minha saúde emocional e mental, sem me fixar em padrões excessivamente rígidos.

( ) SIM ( ) NÃO ( ) PRECISO APRENDER

18. Eu permito-me ter momentos de lazer e diversão sem sentir culpa por não estar sendo "produtivo".

( ) SIM ( ) NÃO ( ) PRECISO APRENDER

19. Estou ciente de quando minha busca pela perfeição está me levando ao esgotamento e faço ajustes para evitar isso.

( ) SIM ( ) NÃO ( ) PRECISO APRENDER

20. Estou aprendendo a relaxar e aceitar que nem tudo precisa ser feito da maneira que eu considero ideal.

( ) SIM ( ) NÃO ( ) PRECISO APRENDER

Avaliando seu Progresso

Com base nas suas respostas, veja onde você está em sua jornada como **Tipo 1 - O Perfeccionista** e quais áreas precisam de mais atenção:

Se você respondeu SIM à maioria das perguntas:

• Você está conseguindo equilibrar sua busca por perfeição com a aceitação da imperfeição. Continue cultivando a flexibilidade e a compaixão, tanto para você quanto para os outros.

Se você respondeu NÃO à maioria das perguntas:

• Talvez você esteja preso em padrões rígidos e autocríticos que podem estar afetando sua qualidade de vida e seus relacionamentos. Trabalhe para desenvolver mais aceitação e leveza em suas ações diárias.

Se você respondeu PRECISO APRENDER à maioria das perguntas:

• Você está em um estágio de aprendizado, e isso é valioso. Use esse momento para cultivar práticas que tragam mais equilíbrio entre a integridade e a flexibilidade, permitindo-se viver com mais leveza.

TESTE DE AUTOAVALIAÇÃO: TIPO 2 - O AJUDANTE

O Tipo 2 é conhecido por sua empatia, generosidade e desejo de ajudar os outros. Sua missão de vida está muitas vezes conectada ao apoio emocional e ao cuidado com o bem-estar das pessoas. No entanto, o desafio do Tipo 2 é encontrar equilíbrio entre ajudar os outros e cuidar de si mesmo. Este teste vai ajudá-lo a identificar onde você está no caminho de alinhamento com sua missão de vida e como pode equilibrar suas necessidades com as dos outros.

Para cada afirmação, escolha a resposta que melhor reflete sua situação atual: **SIM, NÃO** ou **PRECISO APRENDER**.

Autoconhecimento e Autocuidado

1. Eu sou capaz de reconhecer minhas próprias necessidades e emoções, sem sempre priorizar as dos outros.

() SIM () NÃO () PRECISO APRENDER

2. Tenho consciência de quando estou ajudando os outros para obter aprovação ou reconhecimento.

() SIM () NÃO () PRECISO APRENDER

3. Eu entendo que dizer "não" às vezes é necessário para manter meu equilíbrio emocional.

() SIM () NÃO () PRECISO APRENDER

4. Sei quando é hora de parar e cuidar de mim, sem me sentir culpado por não estar ajudando alguém.

() SIM () NÃO () PRECISO APRENDER

5. Eu reconheço que, para ajudar melhor os outros, preciso estar fisicamente e emocionalmente saudável.

() SIM () NÃO () PRECISO APRENDER

Apoio e Propósito

6. Sinto que minha missão de vida está relacionada ao cuidado com os outros, mas sem sacrificar a mim mesmo.

() SIM () NÃO () PRECISO APRENDER

7. Eu ajudo os outros por compaixão genuína, sem esperar que reconheçam ou retribuam meus esforços.

() SIM () NÃO () PRECISO APRENDER

8. Tenho clareza sobre como equilibrar minha necessidade de ajudar com a necessidade de cuidar de mim mesmo.

() SIM () NÃO () PRECISO APRENDER

9. Eu sei como apoiar os outros emocionalmente sem absorver seus problemas e sem me sobrecarregar.

() SIM () NÃO () PRECISO APRENDER

10. Sou capaz de ajudar os outros de maneira que respeite meus limites e preserve minha energia.

() SIM () NÃO () PRECISO APRENDER

Relacionamentos e Limites

11. Nos meus relacionamentos, consigo manter limites claros sem sentir que estou decepcionando os outros.

() SIM () NÃO () PRECISO APRENDER

12. Eu reconheço quando estou me sacrificando demais para manter a harmonia nos meus relacionamentos.

() SIM () NÃO () PRECISO APRENDER

13. Eu sou capaz de pedir ajuda ou apoio quando preciso, sem me sentir fraco ou dependente.

() SIM () NÃO () PRECISO APRENDER

14. Sei como oferecer apoio emocional sem esperar algo em troca, mas sem deixar de ser valorizado pelos outros.

() SIM () NÃO () PRECISO APRENDER

15. Eu não sinto que meu valor pessoal está ligado à quantidade de ajuda que dou às outras pessoas.

() SIM () NÃO () PRECISO APRENDER

Qualidade de Vida e Equilíbrio

16. Eu me certifico de que estou cuidando da minha saúde física e mental, mesmo quando estou focado em ajudar os outros.

() SIM () NÃO () PRECISO APRENDER

17. Eu sou capaz de reservar tempo para mim e para atividades que me nutrem emocionalmente, sem me sentir egoísta.

() SIM () NÃO () PRECISO APRENDER

18. Quando ajudo os outros, faço isso porque quero, e não por obrigação ou para ser aceito.

() SIM () NÃO () PRECISO APRENDER

19. Tenho uma rotina equilibrada que inclui tempo para os outros e tempo para mim.

() SIM () NÃO () PRECISO APRENDER

20. Sei reconhecer os momentos em que preciso descansar e recarregar minhas energias.

() SIM () NÃO () PRECISO APRENDER

Avaliando seu Progresso

Com base nas suas respostas, veja onde você está em sua jornada como **Tipo 2 - O Ajudante** e quais áreas precisam de mais atenção:

Se você respondeu SIM à maioria das perguntas:

• Você está conseguindo equilibrar sua generosidade com o cuidado consigo mesmo. Continue praticando o autocuidado, sem perder sua essência de ajudar, mas sempre respeitando seus limites.

Se você respondeu NÃO à maioria das perguntas:

• Talvez você esteja se sacrificando demais ou esquecendo de cuidar de si em sua busca por ajudar os outros. Trabalhe para reconhecer suas próprias necessidades e estabelecer limites saudáveis.

Se você respondeu PRECISO APRENDER à maioria das perguntas:

• Você está em um estágio de aprendizado, o que é positivo. Use essa fase para desenvolver habilidades que o ajudem a equilibrar a compaixão pelos outros com o respeito por si mesmo.

TESTE DE AUTOAVALIAÇÃO: TIPO 3 - O VENCEDOR

O Tipo 3 é movido pelo desejo de sucesso, realização e reconhecimento. Sua missão de vida frequentemente envolve inspirar e motivar os outros através de seu exemplo de eficiência e conquistas. No entanto, o desafio do Tipo 3 é equilibrar a busca por sucesso externo com a autenticidade e o bem-estar pessoal. Este teste o ajudará a entender onde você está no caminho de alinhamento com sua missão e como pode equilibrar suas metas com seu propósito de vida.

Para cada afirmação, escolha a resposta que melhor reflete sua situação atual: **SIM**, **NÃO** ou **PRECISO APRENDER**.

Autoconhecimento e Autenticidade

1. Eu sou capaz de distinguir entre o que eu realmente quero e o que estou buscando para impressionar os outros.

( ) SIM ( ) NÃO ( ) PRECISO APRENDER

2. Tenho clareza sobre meus valores pessoais e como eles guiam minhas decisões, além das conquistas externas.

( ) SIM ( ) NÃO ( ) PRECISO APRENDER

3. Eu reconheço que meu valor pessoal não está diretamente ligado às minhas conquistas ou ao meu sucesso profissional.

( ) SIM ( ) NÃO ( ) PRECISO APRENDER

4. Sou capaz de desacelerar e refletir sobre o que realmente me traz satisfação, além de atingir metas.

( ) SIM ( ) NÃO ( ) PRECISO APRENDER

5. Eu consigo me permitir ser vulnerável e honesto sobre minhas emoções, mesmo quando não sou "bem-sucedido" em algo.

( ) SIM ( ) NÃO ( ) PRECISO APRENDER

Sucesso e Propósito

6. Minhas metas de vida estão alinhadas com meus valores internos e com a contribuição que quero fazer ao mundo.

( ) SIM ( ) NÃO ( ) PRECISO APRENDER

7. Eu sinto que minha missão de vida vai além do reconhecimento externo e está conectada com um impacto maior na sociedade.

( ) SIM ( ) NÃO ( ) PRECISO APRENDER

8. Sei como definir o sucesso de forma autêntica, com base no que realmente importa para mim, não apenas no que os outros esperam.

( ) SIM ( ) NÃO ( ) PRECISO APRENDER

9. Estou aprendendo a equilibrar minhas ambições profissionais com o bem-estar pessoal e emocional.

( ) SIM ( ) NÃO ( ) PRECISO APRENDER

10. Sinto-me realizado quando atinjo metas que têm um impacto positivo para mim e para os outros, e não apenas pelo reconhecimento.

( ) SIM ( ) NÃO ( ) PRECISO APRENDER

Relacionamentos e Autenticidade

11. Nos meus relacionamentos, sou capaz de ser honesto sobre minhas fraquezas e inseguranças, sem me preocupar em parecer perfeito.

( ) SIM ( ) NÃO ( ) PRECISO APRENDER

12. Eu reconheço quando estou usando meus relacionamentos para me validar, e trabalho para ser mais autêntico.

() SIM () NÃO () PRECISO APRENDER

13. Eu sou capaz de celebrar o sucesso dos outros sem sentir que isso diminui meu próprio valor.

() SIM () NÃO () PRECISO APRENDER

14. Quando enfrento desafios nos meus relacionamentos, sou capaz de desacelerar e trabalhar a comunicação honesta, em vez de me afastar ou priorizar o sucesso.

() SIM () NÃO () PRECISO APRENDER

15. Meus relacionamentos são baseados na autenticidade, e não apenas em manter uma imagem de sucesso.

() SIM () NÃO () PRECISO APRENDER

Qualidade de Vida e Equilíbrio

16. Eu dedico tempo para cuidar de mim e para atividades que não estão diretamente relacionadas ao trabalho ou à produtividade.

() SIM () NÃO () PRECISO APRENDER

17. Eu reconheço que minha saúde física e emocional é tão importante quanto minhas conquistas profissionais.

() SIM () NÃO () PRECISO APRENDER

18. Eu sou capaz de relaxar e curtir momentos de lazer sem me sentir culpado por não estar "produzindo".

() SIM () NÃO () PRECISO APRENDER

19. Eu tenho uma rotina equilibrada que inclui tempo para mim, para os outros e para minhas responsabilidades profissionais.

( ) SIM ( ) NÃO ( ) PRECISO APRENDER

20. Estou aprendendo a lidar com o fracasso ou desafios sem me culpar ou questionar meu valor pessoal.

( ) SIM ( ) NÃO ( ) PRECISO APRENDER

Avaliando seu Progresso

Com base nas suas respostas, veja onde você está em sua jornada como **Tipo 3 - O Vencedor** e quais áreas precisam de mais atenção:

Se você respondeu SIM à maioria das perguntas:

• Você está conseguindo equilibrar suas ambições com a autenticidade e o cuidado consigo mesmo. Continue focando em seu bem-estar pessoal e autenticidade, além de suas metas externas.

Se você respondeu NÃO à maioria das perguntas:

• Talvez você esteja focando demais no sucesso externo e esquecendo de nutrir sua autenticidade e saúde emocional. Trabalhe para equilibrar seu desejo de realizar com o reconhecimento de suas emoções e valores.

Se você respondeu PRECISO APRENDER à maioria das perguntas:

• Você está em uma fase de aprendizado, e isso é ótimo. Use essa fase para desenvolver um entendimento mais profundo de quem você é além de suas conquistas, e aprenda a equilibrar suas metas com o bem-estar pessoal.

TESTE DE AUTOAVALIAÇÃO: TIPO 4 - O INTENSO

O Tipo 4 valoriza a autenticidade, a expressão emocional e a profundidade em todas as áreas da vida. Sua missão de vida frequentemente envolve a transformação de experiências emocionais intensas em algo significativo e inspirador. O desafio do Tipo 4 é equilibrar sua busca por autenticidade com a aceitação do presente, sem se perder em sentimentos de falta ou inadequação. Este teste vai ajudá-lo a identificar onde você está no caminho de alinhamento com sua missão de vida e como pode viver com mais equilíbrio e aceitação.

Para cada afirmação, escolha a resposta que melhor reflete sua situação atual:

SIM, **NÃO** ou **PRECISO APRENDER**.

Autoconhecimento e Aceitação

1. Eu sou capaz de aceitar o presente como ele é, sem ficar preso em idealizações do que poderia ser.

() SIM () NÃO () PRECISO APRENDER

2. Tenho consciência de quando estou me comparando com os outros e sei como redirecionar essa energia para algo construtivo.

() SIM () NÃO () PRECISO APRENDER

3. Eu reconheço que a dor e a melancolia fazem parte da vida, mas não preciso me identificar com elas o tempo todo.

() SIM () NÃO () PRECISO APRENDER

4. Sei como equilibrar minha busca por profundidade emocional com a apreciação das coisas simples da vida.

() SIM () NÃO () PRECISO APRENDER

5. Estou aprendendo a aceitar quem eu sou, sem me sentir inadequado ou fora do lugar.

() SIM () NÃO () PRECISO APRENDER

Expressão e Propósito

6. Eu uso minha sensibilidade e criatividade para expressar emoções profundas de forma construtiva e inspiradora.

() SIM () NÃO () PRECISO APRENDER

7. Eu sinto que minha missão de vida está conectada à expressão da minha autenticidade e ao compartilhamento de algo significativo com o mundo.

() SIM () NÃO () PRECISO APRENDER

8. Sei como canalizar minhas emoções para atividades criativas que me trazem realização e propósito.

() SIM () NÃO () PRECISO APRENDER

9. Estou aprendendo a equilibrar minhas emoções intensas com a ação prática no mundo.

() SIM () NÃO () PRECISO APRENDER

10. Sinto-me realizado quando estou sendo verdadeiro comigo mesmo e criando algo que reflita minha autenticidade.

() SIM () NÃO () PRECISO APRENDER

Relacionamentos e Empatia

11. Nos meus relacionamentos, sou capaz de expressar minhas emoções de maneira saudável, sem esperar que os outros me salvem.

() SIM () NÃO () PRECISO APRENDER

12. Eu reconheço quando estou projetando minhas emoções nos outros e trabalho para ser mais claro na minha comunicação.

( ) SIM ( ) NÃO ( ) PRECISO APRENDER

13. Sei como cultivar relacionamentos autênticos e profundos, sem me isolar ou criar uma sensação de separação.

( ) SIM ( ) NÃO ( ) PRECISO APRENDER

14. Eu sou capaz de lidar com a tristeza ou a frustração nos meus relacionamentos sem me desconectar ou me perder em minhas emoções.

( ) SIM ( ) NÃO ( ) PRECISO APRENDER

15. Meus relacionamentos são baseados na empatia mútua e na aceitação da minha vulnerabilidade e da dos outros.

( ) SIM ( ) NÃO ( ) PRECISO APRENDER

Qualidade de Vida e Equilíbrio

16. Eu dedico tempo para atividades criativas que me permitam expressar minhas emoções e experiências de maneira construtiva.

( ) SIM ( ) NÃO ( ) PRECISO APRENDER

17. Eu reconheço a importância de equilibrar minha intensidade emocional com momentos de leveza e simplicidade.

( ) SIM ( ) NÃO ( ) PRECISO APRENDER

18. Eu sou capaz de relaxar e apreciar momentos simples, sem precisar que tudo seja emocionalmente intenso o tempo todo.

( ) SIM ( ) NÃO ( ) PRECISO APRENDER

19. Tenho uma rotina equilibrada que inclui espaço para a criatividade, para a introspecção e para a ação no mundo.

( ) SIM ( ) NÃO ( ) PRECISO APRENDER

20. Estou aprendendo a aceitar que nem tudo precisa ser profundo ou intenso, e que a simplicidade também tem valor.

( ) SIM ( ) NÃO ( ) PRECISO APRENDER

Avaliando seu Progresso

Com base nas suas respostas, veja onde você está em sua jornada como **Tipo 4 - O Intenso** e quais áreas precisam de mais atenção:

Se você respondeu SIM à maioria das perguntas:

• Você está conseguindo equilibrar sua busca por profundidade com a aceitação do presente e a simplicidade da vida. Continue expressando sua autenticidade de maneira construtiva e equilibrada.

Se você respondeu NÃO à maioria das perguntas:

• Talvez você esteja preso em comparações, melancolia ou idealizações que o estão impedindo de viver o presente plenamente. Trabalhe para reconhecer o valor do que você já tem e equilibrar sua busca por profundidade com a leveza.

Se você respondeu PRECISO APRENDER à maioria das perguntas:

• Você está em uma fase de aprendizado e crescimento. Use essa fase para aceitar suas emoções sem se identificar totalmente com elas e para canalizar sua intensidade de maneira criativa e construtiva.

TESTE DE AUTOAVALIAÇÃO: TIPO 5 - O ANALÍTICO

O Tipo 5 valoriza o conhecimento, a introspecção e a autonomia. Sua missão de vida frequentemente envolve a busca por sabedoria e a aplicação do conhecimento para resolver problemas complexos. O desafio do Tipo 5 é equilibrar sua tendência ao isolamento com a necessidade de compartilhar o que aprendeu com o mundo. Este teste vai ajudá-lo a identificar onde você está no caminho de alinhamento com sua missão de vida e como pode viver com mais envolvimento e conexão.

Para cada afirmação, escolha a resposta que melhor reflete sua situação atual: **SIM, NÃO** ou **PRECISO APRENDER**.

Autoconhecimento e Conexão

1. Eu sou capaz de reconhecer quando estou me isolando demais e procuro me reconectar com o mundo ao meu redor.

() SIM () NÃO () PRECISO APRENDER

2. Tenho clareza sobre as áreas em que estou adquirindo conhecimento e como aplicá-lo de maneira prática.

() SIM () NÃO () PRECISO APRENDER

3. Eu entendo que, para crescer, preciso compartilhar o que sei e colaborar com os outros.

() SIM () NÃO () PRECISO APRENDER

4. Sou capaz de equilibrar minha necessidade de aprender com a prática de estar presente no mundo.

() SIM () NÃO () PRECISO APRENDER

5. Eu reconheço que o conhecimento sem ação pode ser limitador, e estou buscando maneiras de aplicar o que aprendo.

() SIM () NÃO () PRECISO APRENDER

Conhecimento e Propósito

6. Eu sinto que minha missão de vida está relacionada à busca por sabedoria e à aplicação prática do conhecimento.

() SIM () NÃO () PRECISO APRENDER

7. Eu sei como usar minha capacidade de análise para ajudar os outros a resolverem problemas de maneira prática e eficaz.

() SIM () NÃO () PRECISO APRENDER

8. Estou aprendendo a equilibrar a introspecção com a necessidade de me conectar e colaborar com os outros.

() SIM () NÃO () PRECISO APRENDER

9. Eu sei como definir limites saudáveis entre minha necessidade de autonomia e minha participação no mundo externo.

() SIM () NÃO () PRECISO APRENDER

10. Sinto-me realizado quando estou aplicando meu conhecimento de forma prática e útil para os outros.

() SIM () NÃO () PRECISO APRENDER

Relacionamentos e Partilha

11. Nos meus relacionamentos, sou capaz de compartilhar o que aprendi e ouvir as opiniões dos outros sem me sentir ameaçado.

() SIM () NÃO () PRECISO APRENDER

12. Eu reconheço quando estou me isolando e procuro estar mais presente e disponível para os meus relacionamentos.

() SIM () NÃO () PRECISO APRENDER

13. Eu sou capaz de equilibrar minha necessidade de privacidade com a participação ativa nos meus relacionamentos.

() SIM () NÃO () PRECISO APRENDER

14. Quando enfrento desafios nos meus relacionamentos, sou capaz de me comunicar claramente, sem me fechar ou me distanciar.

() SIM () NÃO () PRECISO APRENDER

15. Meus relacionamentos são baseados na troca mútua de conhecimento e apoio, e não apenas em meu isolamento intelectual.

() SIM () NÃO () PRECISO APRENDER

Qualidade de Vida e Equilíbrio

16. Eu dedico tempo para atividades práticas que me ajudam a aplicar o que aprendo e a me conectar com o mundo.

() SIM () NÃO () PRECISO APRENDER

17. Eu reconheço a importância de equilibrar minha vida intelectual com experiências físicas e emocionais.

() SIM () NÃO () PRECISO APRENDER

18. Eu sou capaz de relaxar e estar presente no momento, sem precisar sempre estar estudando ou analisando algo.

() SIM () NÃO () PRECISO APRENDER

19. Tenho uma rotina equilibrada que inclui tempo para aprender, aplicar e me conectar com o mundo.

() SIM () NÃO () PRECISO APRENDER

20. Estou aprendendo a confiar mais nas pessoas ao meu redor e a compartilhar mais do que eu sei e sinto.

() SIM () NÃO () PRECISO APRENDER

Avaliando seu Progresso

Com base nas suas respostas, veja onde você está em sua jornada como **Tipo 5 - O Analítico** e quais áreas precisam de mais atenção:

Se você respondeu SIM à maioria das perguntas:

- Você está conseguindo equilibrar sua busca por conhecimento com a necessidade de conexão e aplicação prática. Continue focando em compartilhar o que sabe com o mundo e em cultivar mais presença no dia a dia.

Se você respondeu NÃO à maioria das perguntas:

- Talvez você esteja se isolando demais e focando excessivamente no conhecimento teórico, sem aplicá-lo de maneira prática. Trabalhe para se reconectar com o mundo e compartilhar suas ideias e *insights*.

Se você respondeu PRECISO APRENDER à maioria das perguntas:

- Você está em uma fase de aprendizado, e isso é ótimo. Use essa fase para desenvolver mais conexão com os outros e para aplicar o conhecimento de forma prática, sem se isolar.

TESTE DE AUTOAVALIAÇÃO: TIPO 6 - O PRECAVIDO

O Tipo 6 valoriza a segurança, a lealdade e a preparação. Sua missão de vida frequentemente envolve a construção de ambientes seguros e a proteção dos outros contra incertezas. O desafio do Tipo 6 é equilibrar a necessidade de segurança com a confiança em si mesmo e nos outros. Este teste vai ajudar a identificar onde você está no caminho de alinhamento com sua missão de vida e como pode viver com mais confiança e menos medo.

Para cada afirmação, escolha a resposta que melhor reflete sua situação atual:

SIM, **NÃO** ou **PRECISO APRENDER**.

Autoconhecimento e Confiança

1. Eu sou capaz de reconhecer quando estou sendo excessivamente cauteloso e busco confiar mais em mim mesmo.

() SIM () NÃO () PRECISO APRENDER

2. Tenho consciência de quando estou superestimando os riscos e trabalho para assumir mais riscos calculados.

() SIM () NÃO () PRECISO APRENDER

3. Eu reconheço que a incerteza faz parte da vida e que nem tudo pode ser planejado ou controlado.

() SIM () NÃO () PRECISO APRENDER

4. Sou capaz de confiar nas minhas próprias decisões, sem buscar garantias externas o tempo todo.

( ) SIM ( ) NÃO ( ) PRECISO APRENDER

5. Estou aprendendo a confiar mais nas pessoas e a aceitar que nem tudo depende de mim para ser seguro.

( ) SIM ( ) NÃO ( ) PRECISO APRENDER

Segurança e Propósito

6. Eu sinto que minha missão de vida está conectada à criação de ambientes seguros e à proteção dos outros.

( ) SIM ( ) NÃO ( ) PRECISO APRENDER

7. Eu sei como equilibrar minha necessidade de segurança com a aceitação de que a vida é cheia de incertezas.

( ) SIM ( ) NÃO ( ) PRECISO APRENDER

8. Estou aprendendo a confiar em mim mesmo e a assumir mais responsabilidades sem medo.

( ) SIM ( ) NÃO ( ) PRECISO APRENDER

9. Eu sou capaz de confiar nas minhas próprias capacidades e nos meus julgamentos em situações de incerteza.

( ) SIM ( ) NÃO ( ) PRECISO APRENDER

10. Sinto-me realizado quando estou criando segurança para mim e para os outros, mas sem me prender ao medo.

( ) SIM ( ) NÃO ( ) PRECISO APRENDER

Relacionamentos e Confiança

11. Nos meus relacionamentos, sou capaz de confiar nos outros e aceitar ajuda, sem sempre me preocupar com o que pode dar errado.

( ) SIM ( ) NÃO ( ) PRECISO APRENDER

12. Eu reconheço quando estou projetando meus medos nos outros e trabalho para ser mais confiante nas minhas interações.

( ) SIM ( ) NÃO ( ) PRECISO APRENDER

13. Eu sou capaz de equilibrar minha necessidade de lealdade com a confiança de que os outros também estão comprometidos.

( ) SIM ( ) NÃO ( ) PRECISO APRENDER

14. Quando enfrento desafios nos meus relacionamentos, sou capaz de lidar com a incerteza sem me perder em preocupações.

( ) SIM ( ) NÃO ( ) PRECISO APRENDER

15. Meus relacionamentos são baseados na confiança mútua, e não no controle ou na necessidade constante de segurança.

( ) SIM ( ) NÃO ( ) PRECISO APRENDER

Qualidade de Vida e Equilíbrio

16. Eu sou capaz de relaxar e aceitar que nem tudo precisa ser controlado ou garantido o tempo todo.

( ) SIM ( ) NÃO ( ) PRECISO APRENDER

17. Eu reconheço que minha saúde emocional depende de um equilíbrio entre planejamento e aceitação da incerteza.

( ) SIM ( ) NÃO ( ) PRECISO APRENDER

18. Eu sou capaz de confiar em mim mesmo e nos outros, sem sempre buscar garantias ou seguridade absoluta.

( ) SIM ( ) NÃO ( ) PRECISO APRENDER

19. Tenho uma rotina equilibrada que inclui tempo para relaxar, confiar mais e me desapegar das preocupações constantes.

( ) SIM ( ) NÃO ( ) PRECISO APRENDER

20. Estou aprendendo a lidar com o medo e a incerteza de maneira mais saudável e confiante.

( ) SIM ( ) NÃO ( ) PRECISO APRENDER

Avaliando seu Progresso

Com base nas suas respostas, veja onde você está em sua jornada como **Tipo 6 - O Precavido** e quais áreas precisam de mais atenção:

Se você respondeu SIM à maioria das perguntas:

- Você está conseguindo equilibrar sua busca por segurança com a confiança em si mesmo e nos outros. Continue trabalhando para confiar mais nas suas capacidades e aceitar a incerteza da vida.

Se você respondeu NÃO à maioria das perguntas:

- Talvez você esteja se prendendo demais ao medo e à necessidade de controle, o que pode estar limitando sua confiança e sua capacidade de relaxar. Trabalhe para cultivar mais confiança em si mesmo e nos outros.

Se você respondeu PRECISO APRENDER à maioria das perguntas:

- Você está em uma fase de aprendizado, o que é ótimo. Use esse momento para desenvolver mais confiança, aceitação da incerteza e para aprender a lidar com o medo de maneira mais equilibrada.

TESTE DE AUTOAVALIAÇÃO: TIPO 7 - O OTIMISTA

O Tipo 7 é conhecido por sua alegria, entusiasmo e busca por novas experiências. Sua missão de vida muitas vezes envolve a descoberta de novas possibilidades e a disseminação de otimismo e criatividade. No entanto, o desafio do Tipo 7 é equilibrar a busca por prazer e novas aventuras com o compromisso e a profundidade. Este teste o ajudará a identificar onde você está no caminho de alinhamento com sua missão de vida e como pode viver com mais equilíbrio entre leveza e responsabilidade.

Para cada afirmação, escolha a resposta que melhor reflete sua situação atual: **SIM**, **NÃO** ou **PRECISO APRENDER**.

Autoconhecimento e Comprometimento

1. Eu sou capaz de reconhecer quando estou evitando responsabilidades ou fugindo de compromissos difíceis.

() SIM () NÃO () PRECISO APRENDER

2. Tenho consciência de quando estou buscando apenas o prazer imediato e trabalho para manter um equilíbrio saudável.

() SIM () NÃO () PRECISO APRENDER

3. Eu reconheço que, para viver plenamente, preciso me comprometer com projetos de longo prazo e enfrentar desafios.

() SIM () NÃO () PRECISO APRENDER

4. Sei como equilibrar minha busca por novas experiências com o compromisso de terminar o que comecei.

( ) SIM ( ) NÃO ( ) PRECISO APRENDER

5. Estou aprendendo a lidar com o desconforto e a incerteza, sem buscar constantemente uma saída fácil ou divertida.

( ) SIM ( ) NÃO ( ) PRECISO APRENDER

Criatividade e Propósito

6. Eu sinto que minha missão de vida está conectada à descoberta de novas possibilidades e à disseminação de alegria.

( ) SIM ( ) NÃO ( ) PRECISO APRENDER

7. Eu sei como usar minha criatividade e entusiasmo para trazer soluções inovadoras para os problemas que encontro.

( ) SIM ( ) NÃO ( ) PRECISO APRENDER

8. Estou aprendendo a equilibrar a busca por liberdade com a necessidade de comprometimento e responsabilidade.

( ) SIM ( ) NÃO ( ) PRECISO APRENDER

9. Eu sou capaz de concluir projetos de longo prazo sem perder o interesse ou mudar de foco constantemente.

( ) SIM ( ) NÃO ( ) PRECISO APRENDER

10. Sinto-me realizado quando estou sendo criativo e espalhando otimismo, mas sem evitar as responsabilidades da vida.

( ) SIM ( ) NÃO ( ) PRECISO APRENDER

Relacionamentos e Presença

11. Nos meus relacionamentos, sou capaz de estar presente e ouvir, sem me distrair com outras ideias ou projetos.

( ) SIM ( ) NÃO ( ) PRECISO APRENDER

12. Eu reconheço quando estou evitando conflitos ou emoções difíceis e procuro lidar com eles de maneira saudável.

( ) SIM ( ) NÃO ( ) PRECISO APRENDER

13. Sei como equilibrar minha busca por liberdade com a necessidade de estar comprometido e presente nos meus relacionamentos.

( ) SIM ( ) NÃO ( ) PRECISO APRENDER

14. Quando enfrento desafios nos meus relacionamentos, sou capaz de lidar com eles sem fugir ou procurar distrações.

( ) SIM ( ) NÃO ( ) PRECISO APRENDER

15. Meus relacionamentos são baseados na troca mútua de apoio e presença, e não apenas na busca por diversão ou novidade.

( ) SIM ( ) NÃO ( ) PRECISO APRENDER

Qualidade de Vida e Equilíbrio

16. Eu sou capaz de relaxar e apreciar momentos de calma e profundidade, sem sempre buscar novas emoções ou estímulos.

( ) SIM ( ) NÃO ( ) PRECISO APRENDER

17. Eu reconheço que minha saúde emocional depende de um equilíbrio entre leveza e comprometimento.

( ) SIM ( ) NÃO ( ) PRECISO APRENDER

18. Eu sou capaz de lidar com frustrações e decepções sem me distrair ou buscar uma solução imediata.

( ) SIM ( ) NÃO ( ) PRECISO APRENDER

19. Tenho uma rotina equilibrada que inclui tempo para diversão, mas também para responsabilidades e projetos de longo prazo.

( ) SIM ( ) NÃO ( ) PRECISO APRENDER

20. Estou aprendendo a viver com mais profundidade, enfrentando desafios e completando o que começo.

( ) SIM ( ) NÃO ( ) PRECISO APRENDER

Avaliando seu Progresso

Com base nas suas respostas, veja onde você está em sua jornada como **Tipo 7 - O Otimista** e quais áreas precisam de mais atenção:

Se você respondeu SIM à maioria das perguntas:

- Você está conseguindo equilibrar sua busca por liberdade com o compromisso e a profundidade. Continue focando em manter esse equilíbrio, sem perder de vista suas responsabilidades e seus projetos de longo prazo.

Se você respondeu NÃO à maioria das perguntas:

- Talvez você esteja buscando demais o prazer imediato e evitando se comprometer com responsabilidades e desafios. Trabalhe para encontrar um equilíbrio entre a diversão e o compromisso.

Se você respondeu PRECISO APRENDER à maioria das perguntas:

- Você está em uma fase de aprendizado, e isso é positivo. Use essa fase para desenvolver mais presença, compromisso e para aprender a lidar com o desconforto sem fugir ou buscar distrações.

CAPÍTULO 3:

ENCONTRANDO SUA MISSÃO DE VIDA COM O ENEAGRAMA

A busca por uma missão de vida e propósito é uma jornada que muitos empreendem com esperança e ânsia por autodescoberta. O Eneagrama, com sua rica tapeçaria de tipos de personalidade, oferece uma lente poderosa através da qual podemos vislumbrar e explorar essas questões profundas. Este capítulo explora como cada tipo de personalidade do Eneagrama se relaciona com conceitos de missão de vida e propósito, e discute a importância do autoconhecimento nessa busca.

O Eneagrama é uma ferramenta antiga e complexa que oferece *insights* profundos sobre a natureza humana, mapeando nove tipos de personalidade distintos, cada um com suas próprias motivações, medos, desejos e padrões de comportamento. Mais do que um simples sistema de tipologia, o Eneagrama é uma bússola para o autoconhecimento e o crescimento pessoal, proporcionando uma jornada de descoberta que vai além do entendimento de quem somos – ele nos ajuda a compreender porque agimos como agimos e como podemos transcender nossas limitações habituais para viver uma vida mais plena e significativa.

O ENEAGRAMA COMO GUIA PARA O PROPÓSITO DE VIDA

No coração da busca pelo propósito de vida está a questão fundamental: "Por que estou aqui?" Esta pergunta ressoa em cada um de nós, impulsionando-nos a encontrar um caminho que não apenas nos satisfaça profissionalmente e pessoalmente, mas que também contribua de maneira positiva para o mundo ao nosso redor. O Eneagrama colabora com essa busca ao revelar as nuances de nossa personalidade que definem nossas inclinações e aversões, iluminando caminhos que estão alinhados com nossos valores mais profundos e autênticos.

ASPECTOS DO ENEAGRAMA QUE FACILITAM A BUSCA POR PROPÓSITO

1. Autoconhecimento Aprofundado: O Eneagrama nos fornece um espelho poderoso para refletir sobre nossos traços mais dominantes, tanto qualidades quanto áreas de desafio. Ao entender essas características, podemos fazer escolhas mais conscientes sobre como queremos viver e trabalhar, escolhendo caminhos que ressoem com nossa verdadeira essência.

2. Compreensão das Motivações e Medos: Cada tipo de personalidade no Eneagrama é motivado por desejos específicos e teme certos aspectos da vida. Esses medos e motivações são chaves que podem desbloquear ou obstruir nosso caminho para viver uma vida com propósito. Reconhecer e enfrentar esses elementos pode liberar um novo nível de liberdade e direção.

3. Direções de Crescimento e Integração: O Eneagrama não apenas destaca áreas de estagnação ou dificuldade, mas também oferece direções claras para o crescimento pessoal. Cada tipo tem vias específicas de desenvolvimento que, quando exploradas, podem facilitar uma experiência de vida mais rica e alinhada com o propósito pessoal.

4. Desenvolvimento de Empatia e Relacionamentos Melhorados: Ao compreender os tipos de personalidade de outras pessoas, o Eneagrama ajuda a cultivar empatia e a melhorar a qualidade de nossos relacionamentos. Relacionamentos mais profundos e significativos podem ser fundamentais para encontrar e sustentar um propósito de vida, fornecendo suporte e inspiração ao longo do caminho.

A visão ampla proporcionada pelo Eneagrama pode ser transformadora. Ele nos convida a olhar não só para dentro, mas também para fora, conectando nossa jornada pessoal com as necessidades do mundo ao nosso redor. Ao nos engajarmos plenamente com este poderoso sistema de autoconhecimento, abrimos portas para viver uma vida que não é apenas bem-sucedida nos termos convencionais, mas profundamente satisfatória e repleta de significado.

RELAÇÃO ENTRE OS TIPOS DE PERSONALIDADE E A MISSÃO DE VIDA

Cada tipo de personalidade no Eneagrama delineia diferentes traços e comportamentos e também sugere caminhos específicos que podem levar à realização de uma missão de vida e ao cumprimento de um propósito.

A seguir, um resumo de como cada tipo pode explorar e conectar-se com sua missão:

Tipo 8 - O Poderoso: Sua missão pode estar ligada à proteção dos outros e ao estabelecimento de justiça. O Poderoso se realiza ao tomar a liderança em causas nas quais acredita, defendendo aqueles que não têm voz.

Tipo 9 - O Mediador: A missão do Mediador frequentemente envolve criar harmonia e entendimento entre pessoas ou grupos conflitantes. Eles encontram propósito em serem pontes para a paz e facilitadores do diálogo.

Tipo 1 - O Perfeccionista: Para o Perfeccionista, a missão de vida pode estar na reforma ou melhoria do mundo ao seu redor. Eles são movidos por valores de integridade e justiça, buscando sempre elevar padrões e corrigir erros.

Tipo 2 - O Ajudante: O Ajudante encontra sua missão em cuidar e apoiar os outros, ajudando-os a alcançar seu potencial. A satisfação vem de fazer a diferença significativa na vida das pessoas.

Tipo 3 - O Vencedor: A missão do Vencedor pode ser encontrada na realização e no sucesso, não apenas pessoal mas também inspirando outros a alcançar suas metas. Eles brilham ao liderar pelo exemplo.

Tipo 4 - O Intenso: Para o Intenso, a missão de vida muitas vezes se concentra em encontrar e expressar a autenticidade, criatividade e profundidade emocional, seja nas artes, na escrita ou em outras formas de expressão.

Tipo 5 - O Analítico: A missão do Analítico frequentemente envolve a descoberta, análise e compartilhamento de conhecimento. Eles se realizam ao desvendar mistérios e ao contribuir com *insights* inovadores.

Tipo 6 - O Precavido: A missão de vida do Precavido pode estar em criar segurança e estabilidade para si e para os outros, seja como defensores da comunidade ou como pilares de força em tempos de incerteza.

Tipo 7 - O Otimista: Para o Otimista, a missão pode ser inspirar e elevar os espíritos das pessoas, trazendo alegria, otimismo e soluções criativas para os problemas da vida.

IMPORTÂNCIA DO AUTOCONHECIMENTO NA BUSCA DO PROPÓSITO DE VIDA

O autoconhecimento é fundamental na busca pelo propósito de vida, pois nos permite entender não apenas o que fazemos, mas porque fazemos — as motivações subjacentes que nos impulsionam. O Eneagrama é uma ferramenta excepcional para este fim, pois revela tanto nossas qualidades mais elevadas quanto nossos desafios mais difíceis, guiando-nos para uma compreensão mais profunda de nossos verdadeiros desejos e aversões.

Ao entender como nossas tendências pessoais se encaixam no mundo maior, podemos começar a ver como nossas contribuições únicas podem servir de maneira mais significativa e satisfatória. Cada tipo tem algo especial para oferecer, e o autoconhecimento nos ajuda a alinhar nossas ações com nossas mais profundas verdades internas, permitindo-nos viver com propósito e paixão.

Esse capítulo lança luz sobre como cada indivíduo pode navegar sua própria jornada de descoberta com o apoio do Eneagrama, proporcionando um caminho mais claro e personalizado para a realização pessoal e contribuição ao mundo.

ESTRATÉGIAS PARA ALINHAMENTO COM A MISSÃO

Além de entender como cada tipo de personalidade do Eneagrama se relaciona com conceitos de missão de vida e propósito, é essencial considerar como essas conexões influenciam a maneira como cada indivíduo aborda sua jornada pessoal e profissional. Aqui, exploramos estratégias específicas que cada tipo pode adotar para se conectar mais profundamente com sua missão de vida e viver de acordo com seu propósito autêntico.

Tipo 8 - O Poderoso: Para viver de acordo com sua missão, os Poderosos podem se beneficiar de canalizar sua energia e força para causas ou projetos que promovam justiça social ou defesa dos menos afortunados. A liderança em iniciativas que requerem coragem e uma voz forte pode ser especialmente gratificante.

Tipo 9 - O Mediador: Mediadores encontram grande satisfação em papéis que facilitam a harmonia e o entendimento, seja em mediação de conflitos, aconselhamento ou diplomacia. Envolver-se em atividades que promovam a paz e a compreensão pode ajudar a reforçar sua missão de vida.

Tipo 1 - O Perfeccionista: Para alinhar-se com sua missão, os Perfeccionistas podem buscar papéis que permitam melhorar sistemas ou processos, seja no ambiente de trabalho, em organizações sem fins lucrativos ou em iniciativas comunitárias. A implementação de práticas sustentáveis e éticas pode ser especialmente gratificante.

Tipo 2 - O Ajudante: Ajudantes se realizam ao servir diretamente às necessidades dos outros, seja em cuidados de saúde, ensino ou trabalho social. Criar um impacto positivo na vida das pessoas oferece uma profunda sensação de propósito.

Tipo 3 - O Vencedor: Vencedores podem encontrar sua missão em carreiras que não apenas proporcionem oportunidades para o sucesso pessoal, mas também inspirem e elevem os outros a alcançar seus objetivos, como em *coaching* ou liderança empresarial.

Tipo 4 - O Intenso: Intensos são frequentemente atraídos por carreiras nas artes, na escrita ou em outras formas de expressão criativa que permitam explorar e expressar sua identidade única e visão de mundo profunda.

Tipo 5 - O Analítico: Analíticos encontram propósito em atividades que exigem pesquisa profunda, análise e inovação, como ciência, engenharia ou filosofia. Contribuir com novos conhecimentos ou soluções pode ser altamente gratificante.

Tipo 6 - O Precavido: Precavidos podem se alinhar com sua missão ao assumir funções que fortaleçam a segurança e a estabilidade, como em gestão de risco, segurança pública ou sistemas de apoio.

Tipo 7 - O Otimista: Otimistas prosperam em ambientes dinâmicos e variados que permitem explorar novas ideias e experiências, como marketing, eventos ou turismo. Envolver-se em atividades que estimulem sua alegria e curiosidade pode ajudar a viver seu propósito com entusiasmo.

O autoconhecimento é crucial nesta jornada, pois permite que cada tipo entenda não apenas suas forças e talentos, mas também suas limitações e áreas para crescimento. Reconhecer e aceitar essas áreas pode abrir portas para desenvolvimento pessoal e uma vida mais plena e autêntica. Ao utilizar o Eneagrama como uma ferramenta para o autoconhecimento, indivíduos de todos os tipos podem começar a desvendar como suas características únicas podem contribuir para um mundo melhor, encontrando maior clareza em suas missões de vida e nos passos práticos para viver de acordo com seus propósitos verdadeiros.

Esse aprofundamento não apenas enriquece a vida individual de cada pessoa, mas também tem o potencial de impactar positivamente aqueles ao seu redor, criando uma cadeia de mudanças positivas e significativas.

TIPO 8 - O PODEROSO: MISSÃO DE VIDA E PROPÓSITO

O Tipo 8, conhecido como O Poderoso, é marcado por uma energia robusta e um desejo de impactar o mundo de maneira significativa. Com uma presença forte e uma vontade de proteger o que é justo, os Poderosos são naturalmente inclinados a assumir papéis de liderança. Vamos explorar como o Tipo 8 pode alinhar sua energia poderosa com uma missão de vida significativa e cumprir seu propósito autêntico.

Missão de Vida do Tipo 8

1. Defesa e Proteção: O Poderoso é frequentemente movido por um senso de justiça e deseja criar um ambiente seguro para si e para os outros. Eles encontram grande satisfação em defender aqueles que são menos capazes de se proteger. Carreiras em áreas como Direito, segurança pública, ou liderança em organizações não-governamentais que lutam contra desigualdades podem ser particularmente gratificantes.

2. Liderança Transformadora: Com sua habilidade natural de liderança, o Tipo 8 é especialmente equipado para assumir posições de alto impacto em que podem efetuar mudanças substanciais. Eles são líderes que inspiram outros a se levantarem e agirem, sejam esses contextos em corporações, no setor público ou em movimentos comunitários.

Alinhamento com Propósito

1. Cultivar a Empatia: Para que os Poderosos realizem seu propósito sem esmagar a oposição, é crucial que aprendam a equilibrar sua força com empatia. Isso envolve ouvir ativamente e valorizar as perspectivas dos outros, o que pode aprofundar seu impacto e liderança.

2. Canalizar a Agressividade: O Tipo 8 tem uma relação natural com a agressividade, que quando mal canalizada pode levar a conflitos destrutivos. Aprender a canalizar essa energia para causas construtivas, como combater injustiças ou liderar projetos de grande escala, pode ajudar a satisfazer sua necessidade de intensidade e confronto de maneira produtiva.

Crescimento Pessoal

1. Reconhecer a Vulnerabilidade: Um dos maiores desafios para o Tipo 8 é reconhecer e aceitar sua própria vulnerabilidade. Ao abraçar essa parte de si mesmos, os Poderosos podem se conectar mais profundamente com os outros, tornando suas interações mais autênticas e menos confrontativas.

2. Busca por Equilíbrio: A intensidade do Tipo 8 pode ser exaustiva, tanto para si mesmos quanto para os outros. Aprender a encontrar um equilíbrio entre ação e contemplação pode ajudar a prevenir o esgotamento e promover uma vida mais harmoniosa e sustentável.

O Tipo 8, quando em plena realização de sua missão de vida, pode ser uma força poderosa para o bem, capaz de liderar com coragem e inspirar mudanças significativas no mundo. A chave para o sucesso do Poderoso em sua missão de vida está na habilidade de usar sua força de maneira equilibrada e consciente, sempre alinhada com os valores de justiça e proteção.

TIPO 9 - O MEDIADOR: MISSÃO DE VIDA E PROPÓSITO

O Tipo 9, conhecido como O Mediador, é caracterizado por uma busca por paz, harmonia e unidade. Os Mediadores possuem a habilidade única de ver múltiplas perspectivas, o que os torna excelentes em reconciliar conflitos e promover entendimento. Vamos explorar como o Tipo 9 pode alinhar essa capacidade de mediação com uma missão de vida significativa e realizar seu propósito autêntico.

Missão de Vida do Tipo 9

1. Promoção da Paz: Mediadores têm uma vocação natural para criar ambientes onde as pessoas se sintam compreendidas e valorizadas. Eles podem se destacar em carreiras que envolvam resolução de conflitos, como mediação, diplomacia, ou trabalho social. Promover a paz em pequenas ou grandes escalas é onde o Tipo 9 encontra profunda satisfação.

2. **Harmonização de Ambientes:** O Tipo 9 pode sentir-se chamado a trabalhar em áreas que envolvam harmonização de espaços, como arquitetura, design de interiores, ou terapia ambiental. Eles têm uma habilidade especial para perceber como os ambientes afetam as pessoas e podem usar isso para criar espaços que promovam bem-estar e produtividade.

Alinhamento com Propósito

1. **Facilitação de Diálogo:** Mediadores podem usar sua habilidade de entender diferentes pontos de vista para facilitar diálogos em situações tensas ou divisivas. Ao promover a comunicação e o entendimento, o Tipo 9 cumpre um papel crucial em processos de reconciliação e cura.

2. **Construção de Comunidades:** O Tipo 9 pode encontrar um sentido de propósito na construção e manutenção de comunidades, seja no ambiente de trabalho, em organizações sem fins lucrativos, ou em atividades comunitárias. Eles têm o poder de unir as pessoas e fortalecer os laços comunitários.

Crescimento Pessoal

1. **Afirmação de Necessidades:** Uma das maiores lições para o Tipo 9 é aprender a afirmar suas próprias necessidades e desejos. Engajar-se em práticas que encorajam autoexpressão e definição de limites pode ajudar os Mediadores a equilibrar melhor suas próprias necessidades com as dos outros.

2. **Aceitação de Conflitos:** Mediadores frequentemente evitam conflitos a todo custo, o que pode levar a uma paz superficial. Reconhecer que conflitos podem ser saudáveis e necessários para o crescimento pessoal e relacional é vital para seu desenvolvimento.

O Tipo 9, quando em harmonia com sua missão de vida, pode efetivamente transformar ambientes e comunidades, promovendo um sentido mais profundo de conexão e compreensão entre as pessoas. A chave para o sucesso do Mediador em sua missão está em equilibrar a busca pela paz externa com a necessidade de atenção às suas próprias prioridades internas.

TIPO 1 - O PERFECCIONISTA: MISSÃO DE VIDA E PROPÓSITO

O Tipo 1, conhecido como O Perfeccionista, é caracterizado por uma busca incessante por melhoria, integridade e correção. Eles têm uma forte sensação de certo e errado e são movidos por um desejo de melhorar o mundo ao seu redor. Vamos explorar como o Perfeccionista pode alinhar essas qualidades com uma missão de vida significativa e realizar seu propósito autêntico.

Missão de Vida do Tipo 1

1. Melhoria e Reforma: Perfeccionistas se sentem chamados a corrigir o que está errado e a melhorar sistemas, sejam eles sociais, ambientais ou organizacionais. Eles prosperam em carreiras como advocacia, ambientalismo, e gestão da qualidade, em que podem aplicar seu senso aguçado de justiça e precisão.

2. Educação e Orientação: O Tipo 1 também pode encontrar uma missão de vida significativa na educação e na orientação, ajudando outros a alcançar seu potencial máximo. Eles são excelentes em papéis que exigem atenção aos detalhes e um compromisso com altos padrões, como na educação ou em treinamentos profissionais.

Alinhamento com Propósito

1. Promoção de Justiça: Perfeccionistas podem canalizar sua energia para promover justiça e equidade. Trabalhando em organizações não-governamentais, no sistema jurídico, ou em iniciativas de responsabilidade social, podem fazer mudanças significativas que se alinham com seu senso de propósito.

2. Desenvolvimento de Sistemas Sustentáveis: Muitos Tipo 1 se sentem motivados por desafios que envolvem o desenvolvimento de práticas e sistemas mais éticos e sustentáveis. Eles têm habilidade para liderar reformas que beneficiam não somente o presente, mas também gerações futuras.

Crescimento Pessoal

1. Flexibilidade e Aceitação: Uma das maiores lições para o Perfeccionista é aprender a aceitar a imperfeição, tanto em si mesmos quanto nos outros. Praticar flexibilidade e paciência pode ajudar a aliviar a constante pressão que sentem para serem "perfeitos".

2. Equilíbrio entre Trabalho e Vida Pessoal: Perfeccionistas frequentemente se sobrecarregam de responsabilidades. Aprender a equilibrar trabalho e descanso é crucial para manter sua saúde mental e física, permitindo-lhes continuar suas missões sem esgotamento.

O Tipo 1, quando em harmonia com sua missão de vida, pode ser um poderoso agente de mudança, trazendo ordem, eficiência e justiça ao mundo. A chave para o sucesso do Perfeccionista em sua missão está em aprender a moderar seu rigor autoimposto e utilizar suas habilidades de maneira que promova não apenas a correção, mas também a gentileza e a compreensão.

TIPO 2 - O AJUDANTE: MISSÃO DE VIDA E PROPÓSITO

O Tipo 2, conhecido como O Ajudante, é marcado por uma natureza generosa, uma forte vontade de apoiar e cuidar dos outros. Eles têm uma capacidade inata de perceber as necessidades alheias e são movidos pelo desejo de serem amados e valorizados por suas ações. Exploraremos como O Ajudante pode alinhar essa disposição para o cuidado com uma missão de vida significativa e realizar seu propósito autêntico.

Missão de Vida do Tipo 2

1. Cuidado e Suporte: Ajudantes encontram sua missão de vida em papéis que permitem que cuidem e apoiem os outros diretamente. Isso pode se manifestar em carreiras como enfermagem, terapia, ensino, ou trabalho social, nas quais podem exercer sua compaixão e habilidades interpessoais para fazer uma diferença real nas vidas das pessoas.

2. Mediação e Reconciliação: Dada a sua habilidade natural de entender e mediar as emoções dos outros, os Tipo 2 também podem ser excelentes em papéis que requerem reconciliação e resolução de conflitos, ajudando a restaurar as relações e promover a harmonia.

Alinhamento com Propósito

1. Empoderamento dos Outros: Para os Ajudantes, uma parte significativa de sua missão pode ser ajudar os outros a alcançar independência e empoderamento. Isso envolve não apenas dar apoio, mas também fomentar o crescimento e a autossuficiência, o que pode ser incrivelmente gratificante.

2. Advocacia e Ativismo: Muitos Tipo 2 sentem-se chamados a defender os direitos e necessidades dos menos privilegiados ou desamparados. Eles podem se engajar em ativismo ou trabalho comunitário, em que sua compaixão e dedicação podem promover mudanças significativas.

Crescimento Pessoal

1. Reconhecer as Próprias Necessidades: Uma lição crucial para os Ajudantes é aprender a reconhecer e atender às suas próprias necessidades. Isso pode envolver estabelecer limites saudáveis e aprender a dizer "não", equilibrando o cuidado de si mesmos com o cuidado dos outros.

2. Buscar Validação Interna: Os Tipo 2 muitas vezes buscam validação externa para seu valor. Trabalhar para desenvolver uma autoestima que é menos dependente da aprovação dos outros é fundamental para seu bem-estar emocional e eficácia em ajudar os outros.

O Tipo 2, quando alinhado com sua missão de vida, pode ser um pilar de suporte e cuidado nas comunidades em que está envolvido. A chave para o sucesso do Ajudante em sua missão é equilibrar o desejo de ser necessário com o desenvolvimento de um senso de autovalor que é independente de suas ações.

TIPO 3 - O REALIZADOR: MISSÃO DE VIDA E PROPÓSITO

O Tipo 3, conhecido como O Vencedor, é caracterizado pela busca por sucesso, eficiência e reconhecimento. Eles são motivados pela vontade de serem admirados e valorizados por suas conquistas. Vamos explorar como o Vencedor pode alinhar essa orientação para o sucesso com uma missão de vida significativa e realizar seu propósito autêntico.

Missão de Vida do Tipo 3

1. Liderança Inspiradora: Vencedores têm um talento natural para a liderança e uma capacidade de motivar e inspirar outros a alcançar seus objetivos. Eles podem encontrar uma missão de vida significativa em posições de liderança, seja no mundo corporativo, em *startups* inovadoras, ou em organizações sem fins lucrativos, onde podem guiar equipes ao sucesso enquanto demonstram o poder da visão positiva e do trabalho duro.

2. Excelência e Inovação: O Tipo 3 também pode se sentir chamado a áreas que demandam inovação e excelência, como tecnologia, esportes ou artes. Eles se realizam ao estabelecer e alcançar altos padrões, sempre buscando maneiras de superar suas próprias expectativas e as dos outros.

Alinhamento com Propósito

1. Autenticidade e Integridade: Para os Vencedores, um alinhamento mais profundo com seu propósito pode ser alcançado através do desenvolvimento de autenticidade e integridade em suas ações. Isso envolve escolher caminhos e projetos que não só pareçam bem-sucedidos externamente, mas que também sejam verdadeiramente significativos para eles internamente.

2. Desenvolvimento de Outros: Além de buscar seu próprio sucesso, os Tipo 3s podem encontrar um propósito gratificante ao investir no desenvolvimento de outras pessoas. Isso pode ser através de *mentoring, coaching* ou simplesmente pelo exemplo de sua ética de trabalho e dedicação.

Crescimento Pessoal

1. Equilíbrio Entre Trabalho e Vida Pessoal: Uma lição importante para o Vencedor é aprender a equilibrar seu impulso para o sucesso com a necessidade de cuidar de seu bem-estar emocional e relacional. Isso pode envolver priorizar relacionamentos e tempo para si mesmo, não apenas conquistas externas.

2. Reconhecimento de Valores Pessoais: Os Tipo 3 muitas vezes moldam suas ambições baseadas no que é valorizado por sua cultura ou comunidade. Um crescimento significativo pode ocorrer quando começam a identificar e honrar seus próprios valores e paixões, independentemente da aprovação externa.

O Tipo 3, quando alinhado com sua missão de vida, pode ser extraordinariamente eficaz e inspirador. A chave para o sucesso do Vencedor em sua missão é encontrar um caminho que equilibre suas aspirações de sucesso com um compromisso genuíno com valores autênticos e um cuidado verdadeiro com os outros.

TIPO 4 - O INTENSO: MISSÃO DE VIDA E PROPÓSITO

O Tipo 4, conhecido como O Intenso, é marcado por uma busca profunda por autenticidade, expressão única e profundidade emocional. Eles desejam criar identidade através de sua originalidade e sentir-se verdadeiramente compreendidos. Vamos explorar como o Intenso pode alinhar essas qualidades com uma missão de vida significativa e realizar seu propósito autêntico.

Missão de Vida do Tipo 4

1. Expressão Artística e Criativa: Intensos muitas vezes encontram sua missão de vida na arte e na criatividade. Seja na música, escrita, pintura, ou atuação, eles buscam expressar suas emoções profundas e suas visões únicas do mundo. A arte serve como um meio para explorar e comunicar suas experiências internas complexas e nuances emocionais.

2. Advocacia Emocional: O Tipo 4 pode sentir-se chamado a defender a importância da saúde emocional e autenticidade. Trabalhar em áreas como terapia, aconselhamento ou outras práticas de suporte emocional pode ser profundamente gratificante para eles, ajudando outros a explorar e aceitar suas próprias profundezas emocionais.

Alinhamento com Propósito

1. Autenticidade nas Relações: Para os Intensos, viver autenticamente significa formar conexões profundas e significativas. Eles podem se esforçar para criar ambientes — seja em casa, no trabalho, ou em comunidades — onde a autenticidade é valorizada e as pessoas são encorajadas a serem verdadeiras consigo mesmas.

2. Educação e Sensibilização Cultural: Muitos Tipo 4 encontram propósito em educar e sensibilizar sobre diversidade cultural e emocional. Isso pode envolver escrever sobre suas experiências, falar em eventos, ou mesmo ensinar, sempre com o objetivo de expandir a compreensão e apreciação das variadas experiências humanas.

Crescimento Pessoal

1. Encontrar Beleza na Normalidade: Uma lição importante para o

Intenso é aprender a encontrar significado e beleza também nas partes ordinárias da vida. Isso ajuda a equilibrar sua tendência à melancolia e ao desejo por aquilo que é extraordinário ou inatingível.

2. Gestão Emocional: Dado que os Tipo 4 podem experienciar emoções muito intensas, é crucial para eles desenvolverem habilidades de gestão emocional. Isso pode incluir práticas como meditação, diário emocional, ou terapia, que ajudam a processar e integrar suas profundas experiências emocionais de maneira saudável.

O Tipo 4, quando em harmonia com sua missão de vida, pode oferecer ao mundo uma janela única para a complexidade emocional e a beleza da diversidade humana. A chave para o sucesso do Intenso em sua missão está em usar sua profundidade emocional para inspirar e conectar os outros, em vez de se isolar.

TIPO 5 - O ANALÍTICO: MISSÃO DE VIDA E PROPÓSITO

O Tipo 5, conhecido como O Analítico, é caracterizado por uma busca intensa por conhecimento, entendimento e competência. Eles valorizam a autonomia e frequentemente se refugiam em seus pensamentos para processar o mundo ao seu redor. Vamos explorar como o Analítico pode alinhar essa inclinação intelectual com uma missão de vida significativa e realizar seu propósito autêntico.

Missão de Vida do Tipo 5

1. Inovação e Descoberta: Analíticos encontram uma grande satisfação em carreiras que envolvem pesquisa, inovação e descoberta. Eles podem se destacar em campos científicos, tecnológicos ou acadêmicos, onde sua sede de conhecimento e habilidade de pensar de forma independente e original são altamente valorizadas.

2. Educação e Ensino: O Tipo 5 também pode sentir-se chamado a compartilhar o conhecimento que acumula. Ensinar, seja em ambiente acadêmico ou informal, permite ao Analítico disseminar o que aprendeu, ajudando outros a expandir suas perspectivas e compreensão do mundo.

Alinhamento com Propósito

1. Contribuição Intelectual: Para os Analíticos, viver de acordo com seu propósito muitas vezes envolve fazer contribuições significativas em suas áreas de interesse. Isso pode acontecer através da publicação de trabalhos, desenvolvimento de novas tecnologias, ou qualquer outra forma de contribuição que permita avançar o conhecimento humano.

2. Solução de Problemas Complexos: Muitos Tipo 5 encontram uma missão clara em usar suas habilidades analíticas para resolver problemas complexos, seja em matemática, lógica, ciência ou mesmo questões sociais. Eles se realizam ao aplicar seu intelecto para encontrar soluções inovadoras e eficazes.

Crescimento Pessoal

1. Engajamento Social: Uma das maiores lições para o Analítico é aprender a equilibrar seu tempo de isolamento com o engajamento social. Participar de grupos ou comunidades pode ajudar a enriquecer sua vida, proporcionando novas ideias e estímulos.

2. Expressão Emocional: Os Tipo 5 muitas vezes lutam com a expressão emocional. Trabalhar para comunicar seus sentimentos pode melhorar significativamente suas relações interpessoais e enriquecer sua experiência de vida, tornando-os mais completos e equilibrados.

O Tipo 5, quando alinhado com sua missão de vida, pode ser um poderoso motor de inovação e progresso. A chave para o sucesso do Analítico em sua missão está em usar seu amor pelo conhecimento não apenas como uma ferramenta de isolamento, mas como uma ponte para conectar-se com o mundo e com as pessoas ao seu redor.

TIPO 6 - O PRECAVIDO: MISSÃO DE VIDA E PROPÓSITO

O Tipo 6, conhecido como O Precavido, é caracterizado por sua lealdade, responsabilidade e uma profunda necessidade de segurança. Eles são tipicamente cautelosos e valorizam muito a estabilidade. Vamos explorar como o Precavido pode alinhar essa busca por segurança com uma missão de vida significativa e realizar seu propósito autêntico.

Missão de Vida do Tipo 6

1. Estabilidade e Segurança: Precavidos são naturalmente inclinados a criar ambientes seguros e estáveis. Eles podem se destacar em carreiras que envolvem planejamento, gestão de riscos ou segurança, onde podem aplicar seu talento para antecipar problemas e organizar sistemas de maneira eficaz.

2. Apoio Comunitário: O Tipo 6 também pode encontrar uma missão de vida significativa no trabalho comunitário, especialmente em funções que promovam a segurança comunitária e o bem-estar coletivo. Eles têm um senso de dever que pode ser bem utilizado em organizações sem fins lucrativos, serviços públicos ou grupos de apoio.

Alinhamento com Propósito

1. Defesa e Advocacia: Muitos Precavidos se sentem chamados a defender os direitos e a segurança dos outros. Eles podem trabalhar em áreas como Direito, sindicatos ou grupos de advocacia, onde sua capacidade de questionar e seu desejo de justiça podem ser usados para proteger e lutar por aqueles que não têm voz.

2. Liderança Confiável: Como indivíduos que valorizam a confiança e a lealdade, os Tipo 6 podem se esforçar para ser líderes em qualquer ambiente, guiando outros através de sua capacidade de ver todos os lados de uma questão e sua disposição para servir como uma âncora de estabilidade.

Crescimento Pessoal

1. Confiança em Si Mesmo: Uma lição importante para o Precavido é desenvolver maior confiança em suas próprias decisões. Enfrentar seus medos e aprender a confiar em sua intuição pode liberá-los de excessivas dúvidas e hesitações.

2. Gerenciamento da Ansiedade: Os Tipo 6 muitas vezes lutam com ansiedade e preocupação. Práticas como *mindfulness*, meditação ou terapia podem ajudar a gerenciar esses sentimentos e promover uma vida mais serena e confiante.

O Tipo 6, quando em harmonia com sua missão de vida, pode oferecer ao mundo uma presença de incrível confiabilidade e dedicação. A chave para o sucesso do Precavido em sua missão está em balancear sua cautela inata com uma confiança fortalecida, permitindo-lhes assumir riscos calculados e abraçar oportunidades de crescimento e mudança.

TIPO 7 - O OTIMISTA: MISSÃO DE VIDA E PROPÓSITO

O Tipo 7, conhecido como O Otimista, é marcado por um espírito elevado, uma abordagem entusiástica da vida e uma constante busca por experiências que proporcionem prazer e satisfação. Eles têm uma habilidade natural para ver o lado positivo das coisas e desejam manter suas opções abertas. Vamos explorar como o Otimista pode alinhar essa busca por alegria e variedade com uma missão de vida significativa e realizar seu propósito autêntico.

Missão de Vida do Tipo 7

1. Inspiração e Motivação: Otimistas são excelentes em inspirar e motivar os outros. Eles podem encontrar uma missão de vida significativa em carreiras que envolvam falar em público, *coaching* motivacional ou qualquer papel que permita usar seu entusiasmo contagiante para elevar o espírito das pessoas e incentivá-las a alcançar seu potencial.

2. Inovação e Exploração: O Tipo 7 também pode se sentir chamado a explorar e inovar, seja em campos criativos, como arte e entretenimento, ou em setores que requerem pensamento fora da caixa, como tecnologia e pesquisa. Sua capacidade de pensar em grandes possibilidades e sua aversão ao tédio os tornam pioneiros naturais.

Alinhamento com Propósito

1. Cultivo da Alegria Genuína: Para os Otimistas, viver de acordo com seu propósito muitas vezes envolve cultivar e disseminar alegria de maneiras que sejam profundas e significativas. Isso pode incluir engajar-se em atividades que não apenas proporcionem prazer temporário, mas que também enriqueçam sua vida e a dos outros a longo prazo.

2. Contribuição Social Positiva: Muitos Tipo 7 encontram um sentido de propósito ao usar suas habilidades e energia para contribuições sociais positivas, como trabalho voluntário, ambientalismo ou qualquer iniciativa que promova a melhoria da comunidade e do ambiente ao redor.

Crescimento Pessoal

1. Enfrentamento de Desafios: Uma lição importante para o Otimista é aprender a enfrentar desafios e dificuldades em vez de evitá-los. Isso envolve aceitar que a vida inclui aspectos menos agradáveis e que enfrentá-los pode levar a um crescimento pessoal significativo.

2. Profundidade Emocional: Os Tipo 7 muitas vezes evitam emoções negativas ou dolorosas. Desenvolver uma maior profundidade emocional e aprender a processar esses sentimentos pode ajudar a enriquecer suas experiências de vida e promover relações mais autênticas.

O Tipo 7, quando alinhado com sua missão de vida, pode ser uma fonte de inspiração e energia positiva. A chave para o sucesso do Otimista em sua missão está em aprender a equilibrar sua busca por prazer e novidade com compromissos e profundidade que trazem satisfação duradoura.

CAPÍTULO 4:

O PROPÓSITO ESPIRITUAL ATRAVÉS DO ENEAGRAMA

Cada tipo de personalidade no Eneagrama possui qualidades inerentes que, se utilizadas de maneira construtiva, contribuem para o crescimento pessoal e espiritual. Este caminho não apenas eleva o indivíduo, mas também traz benefícios a todos ao seu redor, alinhando ações pessoais com uma contribuição mais ampla e significativa ao mundo.

TIPO 8 - O PODEROSO: FORÇA E PROTEÇÃO

Visão Espiritual e Propósito Superior:

O Poderoso é movido por uma energia intensa e uma vontade de impactar o mundo. Seu propósito espiritual envolve usar sua força para proteger e liderar, transformando ambientes de maneira que promovam justiça e empoderamento. Eles são chamados a liderar com coragem, usando sua influência para criar espaços seguros e promover o bem-estar dos outros.

O Poderoso é conhecido por sua força, determinação e capacidade de exercer influência. Estes indivíduos são impulsionados por um desejo de proteger os vulneráveis e estabelecer justiça. Seu caminho espiritual envolve usar sua energia robusta para liderar e promover mudanças significativas, transformando a paixão por controle em liderança inspiradora.

Contribuição Espiritual:

O Tipo 8 pode servir como um guardião, usando sua energia para defender causas justas e proteger os vulneráveis. Sua habilidade de enfrentar desafios de frente e sua capacidade de tomar decisões difíceis podem ser canalizadas para liderar movimentos que buscam reformar e melhorar a sociedade.

Dicas Práticas para Encontrar a Missão de Vida:

1. Carreiras em Liderança e Advocacia: O Tipo 8 se destaca em posições de liderança em que podem efetuar mudanças concretas. Eles podem ser particularmente eficazes em setores como política, Direito, ou administração de empresas, onde seu impacto pode ser amplo e profundo.

2. Envolver-se em Causas Humanitárias ou Sociais: O Poderoso pode encontrar uma missão profunda ao trabalhar com organizações humanitárias ou movimentos sociais que lutam contra injustiças. Sua natureza protetora e sua habilidade de tomar decisões firmes são grandes ativos nessas áreas.

3. Desenvolvimento de Programas de Empoderamento: Criar ou liderar programas que visam empoderar outros, especialmente aqueles em situações de vulnerabilidade, pode ser uma forma poderosa de aplicar sua energia e influência de maneira positiva.

Dicas Práticas para Alinhamento Espiritual:

1. Práticas de Reflexão e Autoconhecimento: Embora o Tipo 8 possa inicialmente resistir a práticas introspectivas, ele pode beneficiar-se enormemente de técnicas de reflexão que promovam o autoconhecimento e a autocompreensão. Técnicas como a escrita reflexiva ou terapias focadas em emoções podem ajudar a canalizar sua intensidade de maneira mais consciente e equilibrada.

2. Participação em Retiros ou Atividades de Grupo: Engajar-se em retiros ou atividades em grupo que focam em crescimento pessoal e espiritual pode ajudar o Tipo 8 a conectar-se com outros e aprender a liderar de uma forma mais compassiva e menos dominadora.

3. Voluntariado em Funções de Mentoria: O Poderoso tem muito a oferecer como mentor. Trabalhar voluntariamente para orientar jovens ou colegas pode ser uma maneira gratificante de fazer a diferença, permitindo que eles vejam o impacto direto de sua força e sabedoria.

Reflexão

Para o Tipo 8, encontrar e viver uma missão de vida e um propósito espiritual envolve temperar sua força e desejo de controle com empatia e compreensão. Ao focar em liderança que inspire e mobilize, em vez de dominar, eles podem alcançar uma realização verdadeiramente transformadora e duradoura.

TIPO 9 - O MEDIADOR: PAZ E UNIDADE

Visão Espiritual e Propósito Superior:

O Mediador busca harmonia e entendimento, tanto internos quanto externos. Seu propósito espiritual pode ser encontrado em sua capacidade de unir pessoas e suavizar tensões, criando ambientes onde todos se sintam compreendidos e valorizados. Eles são naturalmente inclinados a promover a paz e podem fazer isso tanto em pequena quanto em grande escala.

O Mediador é conhecido por sua capacidade de ver todos os pontos de vista e por sua busca por paz e harmonia. Eles têm uma habilidade natural para resolver conflitos e criar ambientes tranquilos. O caminho espiritual do Tipo 9 envolve utilizar essa habilidade de conciliação para promover entendimento e união, transformando seu desejo de evitar conflitos em uma força para o bem comum.

Contribuição Espiritual:

Os Tipo 9 tem a habilidade única de ver todos os lados de uma situação, tornando-os mediadores naturais e pacificadores. Sua contribuição espiritual pode incluir facilitar a resolução de conflitos, promovendo a paz em comunidades ou entre grupos distintos, e ajudando outros a encontrar caminhos comuns e soluções harmoniosas.

Dicas Práticas para Encontrar a Missão de Vida:

1. Carreiras em Mediação e Conciliação: O Tipo 9 pode encontrar grande satisfação em profissões que envolvam mediação, diplomacia ou terapia. Eles são naturalmente dotados para ajudar os outros a resolverem suas diferenças e podem prosperar em ambientes que requerem paciência e imparcialidade.

2. Trabalho Comunitário e Voluntariado: Participar de iniciativas comunitárias ou grupos de voluntariado que focam promover a paz e a cooperação local pode ser profundamente gratificante para os Mediadores. Esses papéis permitem que o Tipo 9 use suas habilidades para melhorar diretamente as vidas das pessoas ao seu redor.

3. Ensino e Educação: Com sua natureza calma e aceitante, o Tipo 9 é bem-sucedido em ambientes educacionais, especialmente na educação infantil ou adulta. Eles podem usar suas habilidades para ensinar e orientar os outros de maneira não confrontativa e encorajadora.

Dicas Práticas para Alinhamento Espiritual:

1. Práticas de Aterramento e *Mindfulness*: Incorporar práticas de aterramento e *mindfulness* pode ajudar os Mediadores a se conectar mais profundamente com suas próprias necessidades e desejos, combatendo sua tendência natural de se dissociar ou minimizar suas próprias opiniões.

2. Retiros Espirituais e de Silêncio: Participar de retiros espirituais ou de silêncio pode oferecer ao Tipo 9 a oportunidade de refletir e se reconectar com seu propósito interior, longe das demandas e do ruído do dia a dia.

3. Atividades Criativas: Engajar-se em atividades criativas como pintura, escrita ou música pode ser uma maneira valiosa para os Mediadores expressarem suas emoções e *insights*, ajudando-os a manter um sentido de individualidade e autoexpressão.

Reflexão

Para o Tipo 9, encontrar e viver uma missão de vida e um propósito espiritual envolve valorizar sua voz e contribuição únicas tanto quanto valorizam as dos outros. Ao se afirmarem e participarem ativamente, os Mediadores podem realizar mudanças significativas, promovendo a paz e a compreensão em uma variedade de contextos.

TIPO 1 - O PERFECCIONISTA: A BUSCA POR INTEGRIDADE

Visão Espiritual e Propósito Superior:

O Perfeccionista, em sua essência, busca a perfeição não apenas em tarefas mundanas, mas também em uma expressão de ordem e harmonia espiritual. Sua jornada está em reconhecer que a verdadeira perfeição não está na ausência de falhas, mas na aceitação da imperfeição como parte da totalidade divina.

O Perfeccionista busca integridade e perfeição em todas as áreas da vida. Seu caminho espiritual está intrinsecamente ligado à realização de justiça, ordem e ética. Para alinhar sua missão de vida com seu propósito espiritual, o Tipo 1 pode se beneficiar de uma abordagem que integre suas aspirações internas com ações externas concretas.

Contribuição Espiritual:

Ao alinhar suas ações com princípios éticos elevados e buscar melhorias contínuas, o Tipo 1 pode servir como um exemplo de como viver de acordo com valores espirituais profundos, promovendo a justiça e a integridade.

Dicas Práticas para Encontrar a Missão de Vida:

1. Identificação de Valores: O Perfeccionista deve começar por uma profunda reflexão para identificar seus valores mais importantes. Isso pode ser feito através de exercícios de escrita reflexiva ou discussões com um mentor ou terapeuta. Compreender o que realmente valorizam pode ajudar a definir metas que ressoem verdadeiramente com seu senso interno de propósito.

2. Estabelecimento de Metas Alinhadas: Uma vez claros os valores, o Tipo 1 deve estabelecer metas práticas que estejam alinhadas com esses valores. Isso pode incluir objetivos profissionais, como trabalhar em organizações que promovam justiça social ou ambiental, ou objetivos pessoais, como voluntariado regular em causas em que acreditem.

3. Prática da Flexibilidade: Para equilibrar sua tendência à rigidez, é crucial que os Perfeccionistas pratiquem a flexibilidade. Isso pode ser através de yoga, meditação ou outras práticas que encorajem a aceitação e a paz interior. Aprender a aceitar que nem tudo pode ser perfeito pode ajudar a reduzir o estresse e aumentar a satisfação com suas contribuições.

Dicas Práticas para Alinhamento Espiritual:

1. Meditação e Reflexão Diária: Incorporar uma prática diária de meditação pode ajudar o Perfeccionista a se conectar com seu eu interior e com a espiritualidade de maneira mais profunda. Isso pode incluir meditações guiadas que focam na aceitação e no desapego do controle.

2. Envolvimento em Comunidades Espirituais: Participar de grupos ou comunidades que compartilham valores espirituais semelhantes pode proporcionar apoio e incentivo no caminho do Tipo 1. Esses grupos também podem oferecer novas perspectivas e práticas que enriquecem sua jornada espiritual.

3. Serviço Altruísta: Engajar-se em serviço altruísta, seja através de trabalho voluntário ou de sua profissão, pode ser uma maneira poderosa de vivenciar e praticar seus ideais espirituais. Ajudar os outros sem expectativa de recompensa pode trazer uma sensação profunda de satisfação e propósito.

Reflexão

Para o Tipo 1, a jornada para encontrar e viver uma missão de vida e propósito espiritual envolve equilibrar sua natureza inata de busca pela perfeição com uma aceitação da imperfeição inerente à condição humana. Ao explorar essas práticas, o Perfeccionista pode não só encontrar maior paz e satisfação em sua vida diária, mas também fazer contribuições significativas que refletem seus mais altos ideais espirituais.

TIPO 2 – O AJUDANTE: O CAMINHO DO AMOR ALTRUÍSTA

Visão Espiritual e Propósito Superior:

O Ajudante é naturalmente inclinado a cuidar dos outros e a servi-los, um reflexo do amor incondicional. Seu desafio espiritual é aprender a dirigir esse amor igualmente para si mesmo, reconhecendo que o autocuidado é fundamental para sustentar sua capacidade de ajudar os outros.

O Ajudante é naturalmente inclinado a servir e cuidar dos outros, uma expressão de seu desejo profundo de ser amado e valorizado. Seu caminho espiritual envolve cultivar um amor que seja tanto incondicional quanto direcionado de maneira saudável — para os outros e para si mesmo.

Contribuição Espiritual:

O Tipo 2 pode ser um poderoso canal de compaixão e serviço, ensinando pelo exemplo como o verdadeiro serviço não é apenas uma ação, mas uma qualidade de ser que valoriza a conexão e o cuidado genuíno.

Dicas Práticas para Encontrar a Missão de Vida:

1. Reconhecimento de Necessidades Pessoais: Para viver plenamente seu propósito, os Ajudantes precisam começar por reconhecer e atender às suas próprias necessidades. Isso pode envolver períodos regulares de autorreflexão para discernir entre o desejo de ajudar e a necessidade de serem necessários.

2. Estabelecimento de Limites Saudáveis: O Tipo 2 deve aprender a estabelecer limites saudáveis em suas relações. *Workshops*, livros ou terapia podem ajudar a desenvolver habilidades para dizer "não" quando necessário, permitindo que mantenham sua energia e saúde emocional enquanto cuidam dos outros.

3. Voluntariado Alinhado com Paixões: Escolher oportunidades de voluntariado que estejam alinhadas com suas paixões pessoais pode ajudar os Ajudantes a sentir que seu trabalho tem um propósito mais profundo. Isso também pode prevenir o esgotamento, mantendo sua energia e entusiasmo renovados.

Dicas Práticas para Alinhamento Espiritual:

1. Práticas Espirituais Regulares: Engajar-se em práticas espirituais que reforcem a conexão com o interior e o sentido de propósito, como oração, meditação ou práticas de *mindfulness*, pode ajudar o Tipo 2 a manter-se centrado e conectado com seus valores mais profundos.

2. Comunidade de Suporte: Participar de uma comunidade espiritual ou grupo de apoio em que o cuidado é mútuo pode oferecer ao Ajudante um espaço seguro para receber, além de dar. Isso reforça a ideia de que eles também são dignos de cuidado e amor.

3. Desenvolvimento da Autoaceitação: Trabalhar na autoaceitação e no amor-próprio é essencial para os Tipo 2. Atividades que promovam a autoestima, como terapia ou jornadas de autoconhecimento, podem ser cruciais para cultivar um senso de valor que não dependa da aprovação externa.

Reflexão

O caminho do Tipo 2 para encontrar e viver uma missão de vida e um propósito espiritual requer um equilíbrio entre dar e receber. Ao aprender a cuidar de si mesmos e estabelecer limites saudáveis, os Ajudantes podem servir aos outros de maneira mais sustentável e gratificante. Este desenvolvimento pessoal e espiritual não apenas enriquece suas próprias vidas, mas também os torna fontes de força e inspiração para a comunidade ao seu redor.

TIPO 3 - O VENCEDOR: REALIZAÇÃO E AUTENTICIDADE

Visão Espiritual e Propósito Superior:

O desafio e a dádiva do Vencedor estão em alinhar suas aspirações e realizações com valores autênticos, transcendendo o sucesso superficial para buscar realizações que refletem suas verdadeiras paixões e o bem maior.

O Vencedor é impulsionado pela necessidade de ser bem-sucedido e reconhecido. Seu caminho espiritual envolve alinhar suas aspirações de sucesso com valores autênticos e significativos, transformando sua busca por realização em uma força para o bem maior.

Contribuição Espiritual:

Ao viver de acordo com seus verdadeiros valores, os Tipo 3 inspiram outros a buscar uma vida que não apenas parece bem-sucedida, mas que é profundamente satisfatória e alinhada com um propósito mais elevado.

Dicas Práticas para Encontrar a Missão de Vida:

1. Definição de Sucesso Autêntico: O Tipo 3 deve refletir sobre o que realmente constitui sucesso para ele, além das expectativas sociais ou familiares. Isso pode envolver redefinir objetivos profissionais e pessoais para alinhá-los com suas verdadeiras paixões e valores.

2. Integração de Valores Pessoais no Trabalho: O Vencedor pode buscar integrar seus valores pessoais em sua carreira, escolhendo campos de atuação ou projetos que refletem suas crenças mais profundas. Isso pode significar trabalhar em organizações que promovem o desenvolvimento sustentável, justiça social, educação ou saúde.

3. Mentoramento e Inspiração: Tipo 3 é naturalmente inspirador e pode encontrar uma profunda satisfação em mentorar outros. Oferecer orientação e apoio pode ajudar outros a alcançar seus objetivos, e também reforçar o propósito pessoal do Vencedor.

Dicas Práticas para Alinhamento Espiritual:

1. Prática de *Mindfulness* e Autorreflexão: Engajar-se regularmente em práticas de *mindfulness* pode ajudar o Tipo 3 a se conectar com seus sentimentos e intenções mais autênticas, reduzindo a compulsão por conquistas externas e fomentando uma maior autoaceitação.

2. Participação em Retiros ou Grupos Espirituais: Participar de retiros ou grupos espirituais pode proporcionar ao Vencedor uma pausa necessária das demandas do dia a dia, permitindo-lhe refletir sobre seu caminho espiritual e como pode viver de acordo com seus valores mais elevados.

3. Voluntariado Altruísta: Tipo 3 pode alinhar seu propósito espiritual com ações altruístas, escolhendo voluntariar em causas que beneficiem a comunidade sem uma recompensa direta ou reconhecimento. Isso pode ajudar a cultivar uma sensação de satisfação que vem de contribuições genuínas e desinteressadas.

Reflexão

O caminho do Tipo 3 para encontrar e viver uma missão de vida e um propósito espiritual envolve uma transformação de sua orientação para o sucesso, de uma focada em ganhos externos para uma que valoriza contribuições significativas e autênticas. Ao equilibrar ambição com autenticidade, os Vencedores podem não só alcançar o sucesso de maneira mais satisfatória, mas também inspirar e elevar aqueles ao seu redor.

TIPO 4 - O INTENSO: AUTENTICIDADE E PROFUNDIDADE ESPIRITUAL

Visão Espiritual e Propósito Superior:

O Intenso busca autenticidade e profundidade em todas as suas experiências, lutando por uma expressão genuína do *self*. A jornada espiritual para o Tipo 4 envolve a aceitação da própria individualidade complexa e muitas vezes contraditória, aprendendo que sua busca por significado pode ser um caminho para conectar-se mais profundamente com o todo.

O Intenso é profundamente motivado por uma busca de significado, autenticidade e expressão única. Este tipo anseia por uma conexão emocional profunda e muitas vezes se sente diferente ou deslocado. Seu caminho espiritual pode ser enriquecido ao encontrar beleza e significado nas complexidades da vida e ao usar sua profundidade emocional para inspirar e conectar-se com os outros de maneira autêntica.

Contribuição Espiritual:

Ao abraçar sua sensibilidade e profundidade emocional, os Tipo 4 podem se tornar exemplos de como viver de maneira verdadeira e vibrante. Eles têm o potencial de ensinar aos outros sobre a beleza da vulnerabilidade e como as emoções profundas são vitais para uma rica experiência humana.

Dicas Práticas para Encontrar a Missão de Vida:

1. Exploração Artística e Criativa: O Tipo 4 deve se engajar em formas de expressão criativa, como arte, música, escrita ou teatro, que permitem explorar e externalizar suas profundas emoções. Essas atividades não apenas proporcionam um canal para a expressão de seus sentimentos, mas também podem ser uma carreira ou vocação significativa.

2. Trabalho em Profissões de Cuidado Emocional: Profissões que envolvem cuidado emocional, como psicologia, aconselhamento ou terapia artística, podem ser ideais para o Tipo 4. Ele pode usar sua capacidade de empatia e sua compreensão das emoções humanas para ajudar os outros a explorar e curar suas próprias profundezas emocionais.

3. Envolver-se em Causas Sociais: O Intenso pode encontrar um sentido de propósito ao envolver-se em causas sociais que ressoem com seus valores pessoais. Trabalhar em organizações que promovam a justiça social ou o bem-estar animal, por exemplo, pode fornecer um sentido de conexão e impacto no mundo.

Dicas Práticas para Alinhamento Espiritual:

1. Práticas de Meditação e *Mindfulness*: Adotar práticas regulares de meditação e *mindfulness* pode ajudar o Tipo 4 a gerenciar a intensidade de suas emoções e encontrar paz interna. Essas práticas podem também incentivar uma aceitação mais profunda de si mesmo e dos outros.

2. Participação em Comunidades Artísticas ou Espirituais: Juntar-se a comunidades que valorizem a autenticidade e a expressão individual pode proporcionar ao Tipo 4 um ambiente de suporte onde podem se sentir compreendidos e valorizados. Esses grupos podem oferecer inspiração e um sentido de pertencimento.

3. Diário de Autorreflexão: Manter um diário pode ser uma ferramenta poderosa para o Tipo 4, ajudando-o a processar suas emoções e reflexões de forma construtiva. Isso pode ser particularmente útil para explorar sentimentos de melancolia ou alienação e transformá-los em *insights* profundos e inspiração.

Reflexão

O caminho do Tipo 4 para encontrar e viver uma missão de vida e um propósito espiritual envolve abraçar sua singularidade e transformar sua sensibilidade emocional em uma fonte de força. Ao aprender a canalizar suas intensas emoções de forma criativa e terapêutica, os Intensos podem não apenas alcançar a realização pessoal, mas também tocar profundamente a vida dos outros.

TIPO 5 – O ANALÍTICO: BUSCA POR SABEDORIA E CONHECIMENTO

Visão Espiritual e Propósito Superior:

O Analítico tem uma sede insaciável por conhecimento e uma necessidade de entender o universo. Sua missão espiritual pode ser encontrada na síntese de informações complexas e na busca por *insights* que não apenas expandem sua própria mente, mas que também podem iluminar os outros.

O Analítico é caracterizado por sua necessidade de entender, analisar e reter conhecimento. Eles valorizam a autonomia e frequentemente se refugiam em seus pensamentos para processar o mundo ao seu redor. O caminho espiritual do Tipo 5 envolve usar seu amor pelo conhecimento e pela análise para contribuir significativamente à compreensão coletiva e solução de problemas complexos.

Contribuição Espiritual:

Tipo 5 pode contribuir significativamente para o mundo ao compartilhar seu conhecimento e sua perspectiva única. Ao fazer isso, eles desempenham um papel crucial na elevação da consciência coletiva e na promoção de um entendimento mais profundo dos mistérios da vida.

Dicas Práticas para Encontrar a Missão de Vida:

1. Carreiras em Pesquisa e Desenvolvimento: O Tipo 5 pode encontrar grande satisfação em carreiras focadas em pesquisa e desenvolvimento, seja no campo acadêmico, científico ou tecnológico. Essas áreas permitem que explorem sua curiosidade natural e contribuam com novas ideias e soluções para o mundo.

2. Ensino e Compartilhamento de Conhecimento: Além de adquirir conhecimento, o Tipo 5 pode achar profundamente gratificante ensinar e compartilhar o que aprendeu. Posições acadêmicas ou mesmo informais, como tutorias ou *workshops*, podem ser muito adequadas.

3. Engajamento em Projetos de Inovação: Trabalhar em projetos que envolvam inovação tecnológica ou científica pode ser uma forma poderosa para o Tipo 5 aplicar seus conhecimentos de maneira prática e ver o impacto direto de suas ideias.

Dicas Práticas para Alinhamento Espiritual:

1. Práticas de Conexão com a Comunidade: Para o Tipo 5, que tende a isolar-se, engajar-se em comunidades pode ajudar a equilibrar sua tendência ao retraimento. Isso pode incluir grupos de estudo, clubes de ciência, ou comunidades online onde possam compartilhar interesses comuns.

2. Meditação e Retiros de Silêncio: Práticas contemplativas como a meditação ou retiros de silêncio podem ser particularmente benéficas para o Tipo 5, ajudando-o a conectar-se com seu interior e explorar sua espiritualidade de maneira mais profunda.

3. Diário de Reflexões e Descobertas: Manter um diário onde possam registrar suas reflexões e descobertas não só é uma forma de processar suas ideias, mas também de observar seu crescimento pessoal e espiritual ao longo do tempo.

Reflexão

Para o Tipo 5, encontrar e viver uma missão de vida e um propósito espiritual envolve um equilíbrio entre a busca intelectual e a participação no mundo. Ao se abrir para experiências que desafiem seu conforto no isolamento e ao compartilhar seu rico mundo interno, os Analíticos podem enriquecer suas próprias vidas e também contribuir de forma significativa para a sociedade.

TIPO 6 - O PRECAVIDO: FIDELIDADE E BUSCA POR SEGURANÇA

Visão Espiritual e Propósito Superior:

Para o Precavido, a busca por segurança e suporte é fundamental. Seu caminho espiritual envolve aprender a encontrar essa segurança dentro de si mesmo, desenvolvendo uma fé interna que transcende a busca externa por garantias.

O Precavido é conhecido por sua lealdade, cautela e necessidade de segurança. Este tipo busca estabilidade e confiança tanto no ambiente externo quanto interno. Seu caminho espiritual envolve encontrar segurança interior através da fé ou de crenças sólidas, superando o medo e a incerteza que frequentemente o acompanham.

Contribuição Espiritual:

Os Tipo 6, quando ancorados em sua própria força interna, podem se tornar bastiões de lealdade e confiança para os outros. Sua capacidade de questionar e sua vigilância podem ser usadas para proteger e orientar as comunidades, oferecendo um sentimento de estabilidade e segurança.

Dicas Práticas para Encontrar a Missão de Vida:

1. Carreiras em Segurança e Gestão de Riscos: O Tipo 6 pode encontrar satisfação em carreiras que envolvam segurança, gestão de riscos ou planejamento estratégico. Tais posições permitem que utilizem sua habilidade de antecipar problemas e criar soluções preventivas, proporcionando uma sensação de contribuição para a estabilidade e bem-estar de outros.

2. Envolver-se em Comunidades de Suporte: Participar ou até liderar grupos de suporte ou comunitários pode ser muito gratificante para o Precavido, pois lhes permite sentir-se útil e seguro dentro de uma rede de pessoas confiáveis e *like-minded*.

3. Formação em Primeiros Socorros ou Resposta a Emergências: O Tipo 6 tem uma predisposição natural para responder a crises e emergências de maneira calma e eficaz. Treinar em primeiros socorros ou resposta a emergências pode não apenas dar-lhes habilidades práticas, mas também um papel ativo em proteger e cuidar da comunidade.

Dicas Práticas para Alinhamento Espiritual:

1. Práticas de Meditação e *Mindfulness*: Desenvolver uma prática regular de meditação ou *mindfulness* pode ajudar o Tipo 6 a gerenciar sua ansiedade e promover uma maior paz interior. Tais práticas fortalecem a mente contra medos infundados e promovem uma sensação de segurança interna.

2. Estudo de Filosofias ou Teologias de Confiança: Explorar diferentes sistemas de crenças, filosofias ou teologias pode proporcionar ao Precavido um quadro de referência mais amplo para entender o mundo e encontrar confiança na ordem maior das coisas.

3. Participação em Retiros Espirituais: Participar de retiros espirituais pode ser uma maneira eficaz de o Tipo 6 conectar-se com uma comunidade de suporte e explorar questões de fé e confiança num ambiente seguro e acolhedor.

Reflexão

Para o Tipo 6, a jornada para encontrar e viver uma missão de vida e um propósito espiritual envolve aprender a confiar em si mesmo e nos outros. Ao desenvolver a confiança e a segurança internas, os Precavidos podem superar sua tendência ao medo e à dúvida, permitindo que vivam uma vida mais plena e significativa, guiados pela fé e pela comunidade.

TIPO 7 — O OTIMISTA: ALEGRIA E EXPLORAÇÃO

Visão Espiritual e Propósito Superior:

O Otimista é motivado por uma busca incessante por felicidade e satisfação, o que pode ser canalizado em uma exploração espiritual de alegria e gratidão. Seu desafio é aprender a encontrar alegria não apenas nas novas experiências, mas também no momento presente.

O Otimista, com seu entusiasmo inato e amor pela aventura, busca experiências que maximizem a alegria e a satisfação. Seu caminho espiritual envolve aprender a encontrar a profundidade e o significado nas suas buscas, transformando o prazer efêmero em alegria sustentável e propósito.

Contribuição Espiritual:

Tipo 7 pode inspirar outros a ver o mundo com admiração e maravilhamento, levando alegria aonde quer que vão. Sua energia e entusiasmo natural podem ser contagiantes, elevando o espírito de todos ao redor e mostrando como a vida pode ser vivida com paixão e entusiasmo.

Dicas Práticas para Encontrar a Missão de Vida:

1. Carreiras que Envolvem Exploração e Inovação: O Tipo 7 floresce em ambientes que estimulam sua curiosidade e necessidade de novidade. Carreiras em áreas como turismo, inovação tecnológica, pesquisa e desenvolvimento, ou qualquer campo que ofereça novos desafios e crescimento contínuo são ideais.

2. Envolver-se em Projetos de Empreendedorismo Social: Participar de *startups* ou iniciativas que combinem inovação com impacto social pode ser extremamente gratificante para os Otimistas. Esses projetos permitem que canalizem sua energia e criatividade para causas que fazem a diferença no mundo.

3. Educação e Facilitação: Com sua capacidade de entusiasmar e inspirar, o Tipo 7 pode ser um excelente educador ou facilitador. Eles podem usar suas habilidades para motivar outros, seja em ambientes acadêmicos, *workshops* ou como *coach* de vida.

Dicas Práticas para Alinhamento Espiritual:

1. Prática de *Mindfulness* e Gratidão: Desenvolver práticas regulares de *mindfulness* e gratidão pode ajudar os Otimistas a ancorar suas experiências e encontrar satisfação no momento presente. Isso os ensina a apreciar a jornada, não apenas os destinos excitantes.

2. Retiros Espirituais ou Aventuras com Propósito: Participar de retiros que combinam elementos de aventura com crescimento espiritual pode ser ideal para o Tipo 7. Essas experiências podem oferecer tanto a estimulação que eles desejam quanto a oportunidade para reflexão profunda e desenvolvimento pessoal.

3. Voluntariado em Ambientes Dinâmicos: O voluntariado pode oferecer ao Tipo 7 uma maneira de dar de volta de maneira significativa, especialmente em ambientes que são variados e dinâmicos, onde podem enfrentar novos desafios e conhecer novas pessoas.

Reflexão

Para o Tipo 7, a jornada para encontrar e viver uma missão de vida e um propósito espiritual envolve balancear sua busca por prazer com um compromisso com o crescimento e desenvolvimento sustentáveis. Ao abraçar práticas que cultivem a profundidade emocional e espiritual, os Otimistas podem transformar sua busca incessante por novas experiências em um caminho rico e pleno de descobertas significativas.

CAPÍTULO 5:

EXERCÍCIOS PRÁTICOS PARA ENCONTRAR A MISSÃO DE VIDA

O desejo de encontrar um propósito e uma missão de vida é uma das buscas mais profundas e universais da existência humana. Muitas vezes, passamos grande parte da vida nos perguntando qual é o verdadeiro sentido de nossa jornada, como podemos contribuir de forma significativa para o mundo e como alinhar nossos talentos e paixões com um caminho que nos traga realização. É nesse contexto que o Eneagrama surge como uma ferramenta poderosa para nos ajudar a responder essas perguntas de maneira prática e profunda.

O Eneagrama vai além da simples identificação de traços de personalidade; ele oferece um mapa que nos guia em direção ao autoconhecimento, revelando motivações ocultas, medos profundos e os padrões que moldam nossa vida. Ao entendermos melhor nossas características através do Eneagrama, podemos identificar mais claramente o que nos move, o que nos impede e, mais importante, como podemos viver de acordo com um propósito mais elevado.

Cada um dos nove tipos de personalidade do Eneagrama tem um caminho único para descobrir sua missão de vida. O que ressoa profundamente para um Tipo 8 pode ser muito diferente para um Tipo 4, mas todos têm em comum o desejo de viver de maneira mais autêntica, significativa e alinhada com quem realmente são. O Eneagrama nos ajuda a descobrir esse propósito ao nos mostrar onde estamos limitados por nossos medos e onde podemos crescer ao cultivarmos nossas qualidades mais elevadas.

O PAPEL DOS EXERCÍCIOS PRÁTICOS

Este capítulo é dedicado a fornecer ferramentas práticas para ajudá-lo a explorar seu propósito de vida com base no seu tipo de personalidade. Cada exercício foi cuidadosamente elaborado para alinhar-se com as necessidades específicas e os desafios de cada tipo, promovendo tanto o crescimento pessoal quanto a expansão espiritual. Alguns desses exercícios focam a autorreflexão, enquanto outros são voltados para a ação direta, mas todos eles têm um objetivo comum: ajudá-lo a revelar e seguir o caminho que está mais alinhado com sua verdadeira essência.

Para os Tipos mais orientados para a ação, como o Tipo 3 (O Vencedor) e o Tipo 8 (O Poderoso), os exercícios ajudarão a direcionar suas ambições e energia para causas autênticas e propósitos maiores, incentivando-os a liderar com integridade e compaixão.

Para os Tipos mais introspectivos, como o Tipo 4 (O Intenso) e o Tipo 5 (O Analítico), os exercícios focam a expressão emocional e a aplicação de seu conhecimento para causas que ressoem com sua profundidade interior.

Para os Tipos que lutam com a autoafirmação, como o Tipo 9 (O Mediador), os exercícios fornecerão maneiras práticas de fortalecer sua voz e ação, permitindo que contribuam de forma mais assertiva e proativa em suas comunidades e relacionamentos.

O CAMINHO DO AUTOCONHECIMENTO

Descobrir a missão de vida não é um evento instantâneo; é um processo contínuo. À medida que crescemos, nos transformamos e adquirimos novas experiências, nosso entendimento de propósito também pode mudar e evoluir. Por isso, os exercícios aqui propostos devem ser vistos como práticas regulares que podem ser revisitadas periodicamente, à medida que você explora novas dimensões de si mesmo e de sua jornada.

Com paciência e dedicação, esses exercícios podem se tornar pontos de virada, ajudando-o a integrar suas habilidades, paixões e desafios em um caminho de vida que não só traga satisfação pessoal, mas que também beneficie o mundo ao seu redor.

Agora, vamos mergulhar nos exercícios específicos de cada tipo de personalidade, guiando-o em direção à descoberta do propósito de vida e à realização plena.

TIPO 8 - O PODEROSO: LIDERANÇA COMPASSIVA E AUTOCONTROLE

O Tipo 8, conhecido como O Poderoso, é movido por um desejo intenso de controlar seu ambiente, proteger os mais vulneráveis e fazer as coisas acontecerem. No entanto, essa energia poderosa, se não equilibrada, pode se transformar em autoritarismo ou em agressividade excessiva. O desafio espiritual e pessoal do Tipo 8 envolve aprender a liderar com compaixão, a confiar nos outros e a controlar sua energia de maneira construtiva.

EXERCÍCIO 1: ESCUTA ATIVA PARA DESENVOLVER LIDERANÇA COMPASSIVA

O Poderoso muitas vezes sente a necessidade de dominar conversas e controlar situações para garantir que as coisas sejam feitas de acordo com suas expectativas. Embora essa abordagem possa ser eficaz em certos contextos, ela pode sufocar a colaboração e impedir que outros contribuam com ideias valiosas. Para cultivar uma liderança mais compassiva e colaborativa, é essencial que o Tipo 8 desenvolva a habilidade de escutar profundamente.

Passos Práticos para Escuta Ativa:

Escolha uma Situação: Identifique uma conversa ou reunião em que você normalmente sentiria a necessidade de controlar ou intervir. Pode ser uma conversa no trabalho, com amigos ou com familiares.

Estabeleça a Intenção: Antes de entrar na conversa, defina a intenção de ouvir mais do que falar. Decida, conscientemente, que sua prioridade será compreender o outro, não dirigir o diálogo.

Foque a Outra Pessoa: Durante a conversa, concentre toda sua atenção na pessoa que está falando. Evite preparar respostas enquanto ouve e esteja presente com suas palavras, tom de voz e linguagem corporal. Faça perguntas para aprofundar o entendimento em vez de impor suas opiniões.

Reflita Após a Conversa: Ao final, reflita sobre a experiência. Como foi para você ouvir sem a necessidade de controlar? Quais informações novas ou *insights* você ganhou por dar espaço ao outro? Como isso impactou a dinâmica da relação?

Esse exercício não apenas ajudará o Tipo 8 a desenvolver maior empatia e compreensão, mas também permitirá que outros se sintam mais seguros e valorizados ao seu redor, fortalecendo seus relacionamentos e promovendo um ambiente de trabalho ou familiar mais harmônico.

EXERCÍCIO 2: CONTROLE SAUDÁVEL DA ENERGIA

O Tipo 8 possui uma energia vibrante e, muitas vezes, agressiva, que pode ser incrivelmente produtiva, mas também desgastante, tanto para si quanto para os outros. Quando sentem que sua autoridade está sendo desafiada ou que o controle da situação está fora de suas mãos, essa energia pode se manifestar como explosões de raiva ou uma necessidade excessiva de domínio. Canalizar essa energia de maneira saudável é fundamental para o equilíbrio emocional e para um estilo de liderança eficaz e sustentável.

Passos Práticos para Canalizar a Energia:

Identifique Gatilhos: Observe momentos em que você se sente particularmente enérgico ou agressivo. Quais situações tendem a desencadear essa resposta? Pode ser uma situação em que você se sente desafiado, frustrado ou sem controle.

Reconheça a Energia no Corpo: Quando sentir essa explosão de energia ou agressividade surgindo, tome um momento para parar e reconhecer como essa energia está se manifestando fisicamente. Pode ser um aumento da frequência cardíaca, músculos tensionados ou respiração rápida.

Escolha Canalizar para uma Atividade Construtiva: Em vez de tentar controlar a situação ou reagir impulsivamente, redirecione essa energia para uma atividade física ou criativa. Exercícios vigorosos, como corrida, levantamento de peso ou artes marciais, podem ser formas eficazes de liberar a energia acumulada. Alternativamente, você pode canalizar a energia para algo criativo, como pintar, escrever ou resolver um problema complexo.

Avalie os Resultados: Após a atividade, reflita sobre como você se sente. Como a canalização da energia influenciou sua clareza mental, suas emoções e suas ações? Você foi capaz de abordar a situação original de maneira mais calma e controlada depois de liberar essa energia?

Esse exercício ajuda o Tipo 8 a evitar confrontos desnecessários e a usar sua força de maneira construtiva. Ao dominar a habilidade de canalizar sua energia em vez de se deixar levar por ela, o Poderoso pode se tornar uma força positiva e equilibrada, capaz de liderar com autoridade, sem perder a compaixão e o autocontrole.

Reflexão Final

Para o Tipo 8, esses exercícios não só promovem um maior equilíbrio entre sua natureza intensa e sua capacidade de liderar, como também abrem espaço para uma vida mais compassiva e conectada. Ao aprender a escutar e a canalizar sua energia, o Poderoso pode usar sua força para empoderar os outros e criar um ambiente de liderança eficaz, ao mesmo tempo em que encontra uma conexão mais profunda consigo mesmo e com sua missão de vida.

TIPO 9 - O MEDIADOR: AFIRMANDO SUA VOZ E AÇÃO

O Tipo 9, conhecido como O Mediador, é naturalmente inclinado à busca por harmonia e paz. Sua tendência de evitar conflitos muitas vezes o leva a silenciar suas próprias opiniões e desejos, o que pode criar uma desconexão com suas necessidades pessoais e um sentimento de estagnação. O desafio para o Mediador é aprender a afirmar sua própria voz e agir de maneira mais decisiva, encontrando um equilíbrio saudável entre o desejo de paz e a necessidade de autovalorização.

EXERCÍCIO 1: EXPRESSANDO-SE COM CLAREZA

Para o Mediador, um dos maiores desafios é expressar suas próprias opiniões, especialmente em situações onde há possibilidade de confronto ou discordância. No entanto, a habilidade de afirmar sua verdade de maneira clara e assertiva é crucial para seu crescimento pessoal e espiritual.

Passos Práticos para Expressar-se com Clareza:

Escolha uma Situação de Desafio: Identifique uma situação na qual você normalmente evita expressar suas opiniões ou se cala para manter a paz. Pode ser uma reunião no trabalho, uma conversa com um parceiro ou até uma discussão familiar em que você costuma concordar ou ceder.

Prepare-se com Antecedência: Antes de entrar na situação, tire alguns minutos para escrever o que gostaria de dizer. Anote seus pensamentos, sentimentos e desejos com clareza, sem se preocupar com a reação dos outros. Este processo de escrita pode ajudá-lo a organizar suas ideias e ganhar confiança no que deseja expressar.

Comprometa-se a Falar sua Verdade: Quando o momento chegar, faça um esforço consciente para verbalizar o que você preparou. Comece com uma afirmação clara e mantenha o foco em seus sentimentos e necessidades, usando frases como "Eu penso..." ou "Eu sinto...". Esteja preparado para o desconforto, mas lembre-se de que afirmar sua voz é essencial para o seu crescimento.

Avalie a Experiência: Após a conversa, reserve um momento para refletir. Como você se sentiu ao expressar sua opinião? A situação foi diferente do que você imaginava? Reconheça o progresso que fez ao se posicionar, mesmo que o resultado não tenha sido perfeito.

Este exercício ajuda o Tipo 9 a romper com o ciclo de autossilenciamento e a desenvolver uma voz clara e assertiva. Ao praticar regularmente, o Mediador começará a sentir-se mais confiante ao expressar sua verdade, percebendo que o confronto saudável pode levar a uma maior autenticidade e respeito mútuo nos relacionamentos.

EXERCÍCIO 2: PEQUENOS PASSOS DE AÇÃO

O Mediador muitas vezes se sente paralisado ou desmotivado em áreas de sua vida onde as demandas ou decisões parecem grandes demais. Isso pode resultar em procrastinação ou até em uma sensação de desconexão com seus próprios desejos e metas. A chave para romper essa inércia é dar pequenos passos de ação, criando movimento gradual e constante em direção a seus objetivos.

Passos Práticos para Estabelecer Pequenas Metas de Ação:

Identifique uma Área de Paralisia: Pense em uma área da sua vida onde você sente estagnação ou desmotivação. Pode ser um projeto que está adiando há algum tempo, um objetivo pessoal que parece inalcançável, ou até uma tarefa diária que você evita.

Estabeleça Metas Diárias Simples: Em vez de tentar resolver tudo de uma vez, divida essa tarefa ou objetivo em pequenos passos diários. A ideia é criar metas pequenas e alcançáveis que você possa realizar sem se sentir sobrecarregado. Por exemplo, se você está adiando um projeto grande, comece dedicando 10 minutos por dia a ele.

Aja Consistentemente: Comprometa-se a agir nessas pequenas metas diariamente, independentemente do quanto consiga avançar. A consistência é mais importante do que a quantidade de progresso feito a cada dia. Ao agir de maneira constante, mesmo que em pequenas doses, você começará a ver movimento na direção certa.

Reconheça seu Progresso: Ao final de cada semana, faça uma revisão do que foi alcançado. Pode ser útil escrever sobre seu progresso ou simplesmente reconhecer internamente o que foi realizado. Reforce para si mesmo que cada pequeno passo tem valor e impacto no seu caminho para alcançar seus objetivos.

Esse exercício é fundamental para o Tipo 9, pois o ajuda a romper com a inércia e a procrastinação, criando um senso de controle e empoderamento. Ao dar pequenos passos de ação, o Mediador começa a sentir que suas ações têm valor e impacto, construindo confiança em sua capacidade de tomar decisões e seguir em frente.

Reflexão Final

Para o Tipo 9, afirmar sua voz e tomar ação são passos essenciais para se reconectar com sua verdadeira essência e viver de maneira mais alinhada com seus desejos e necessidades. Esses exercícios não apenas ajudam o Mediador a expressar-se de maneira mais clara e assertiva, mas também o capacitam a tomar controle de sua vida com ações práticas e decisivas. Ao integrar essas práticas em sua rotina, o Tipo 9 poderá superar a estagnação e a autoanulação, encontrando um caminho de vida mais ativo, conectado e autêntico.

TIPO 1 - O PERFECCIONISTA: ALINHANDO IDEAIS COM A REALIDADE

O Tipo 1, conhecido como O Perfeccionista, tem uma busca constante por melhoria e correção, tanto em si quanto no mundo ao seu redor. Este desejo de perfeição pode ser uma força poderosa para o bem, mas, quando não equilibrado, pode levar a um nível de autocobrança e frustração que impede o crescimento pessoal e a harmonia interna. O caminho espiritual e prático para o Perfeccionista envolve aprender a alinhar seus altos ideais com a realidade imperfeita da vida, promovendo uma aceitação mais compassiva de si mesmo e dos outros.

EXERCÍCIO 1: AUTORREFLEXÃO SOBRE VALORES

Para o Tipo 1, viver de acordo com princípios éticos e valores elevados é uma prioridade. No entanto, há momentos em que a rigidez ou o excesso de exigências pode fazer com que percam de vista o equilíbrio entre seus ideais e a vida prática. Este exercício tem como objetivo ajudar o Perfeccionista a reconectar-se com seus valores mais profundos e a verificar se suas ações diárias estão de fato alinhadas com esses princípios.

Passos Práticos para a Autorreflexão sobre Valores:

Escreva seus Valores Fundamentais:

> Reserve um tempo tranquilo para refletir sobre os valores que você considera fundamentais na sua vida. Eles podem incluir coisas como integridade, justiça, honestidade, responsabilidade, entre outros.

> Faça uma lista de cinco a dez valores centrais. Esses valores devem refletir aquilo que você acredita ser essencial para guiar suas decisões e ações no dia a dia.

Reveja sua Rotina Diária:

> Ao final de uma semana, reflita sobre como seus valores foram aplicados em suas ações e decisões. Pergunte-se: "Estou vivendo de acordo com esses valores?" ou "Quais áreas da minha vida estão alinhadas com esses princípios e quais não estão?"

> Por exemplo, se você valoriza a integridade, pergunte-se se está agindo de maneira coerente com seus princípios em suas interações profissionais e pessoais.

Identifique Áreas de Desalinhamento:

Revise sua rotina e identifique áreas onde você sente que seus valores estão sendo negligenciados ou onde você está sendo excessivamente rígido. Por exemplo, você pode perceber que seu desejo de perfeição no trabalho está te afastando de momentos de lazer ou tempo de qualidade com a família.

Redirecione sua Energia:

Com base nessas reflexões, crie um plano de ação para redirecionar sua energia para alinhar-se mais aos seus valores. Por exemplo, se percebe que está sendo muito crítico em uma área, como o trabalho, defina um objetivo de ser mais compassivo consigo mesmo, permitindo-se erros sem sentir culpa.

Este exercício ajuda o Tipo 1 a revisar se está vivendo de forma autêntica e a corrigir pequenas desconexões entre suas ações e seus ideais. Ele também incentiva uma maior flexibilidade, ajudando o Perfeccionista a manter a excelência sem perder de vista o valor da aceitação.

EXERCÍCIO 2: ACEITAÇÃO DA IMPERFEIÇÃO

O Perfeccionista tende a lutar com a aceitação da imperfeição, tanto em si mesmo quanto nos outros. Essa luta pode gerar um nível constante de estresse e insatisfação, pois nada jamais parece bom o suficiente. O exercício de aceitar imperfeições é um passo fundamental para o crescimento do Tipo 1, ajudando-o a entender que a perfeição absoluta não é necessária para alcançar significado e impacto positivo.

Passos Práticos para a Aceitação da Imperfeição:

Escolha um Projeto ou Atividade:

Identifique um projeto ou tarefa com o qual você está trabalhando. Pode ser algo do trabalho, um projeto pessoal ou uma atividade em casa. O importante é que seja uma tarefa em que você normalmente sentiria a pressão de fazer tudo de maneira impecável.

Estabeleça um Limite de Tempo:

Para combater o perfeccionismo, estabeleça um prazo para completar a tarefa. Dê a si mesmo um tempo razoável, mas limitado, e comprometa-se a terminar a atividade dentro desse período, sem revisões excessivas ou foco nos detalhes.

Concentre-se no Progresso, Não na Perfeição:

Ao trabalhar na tarefa, concentre-se no progresso que está fazendo em vez de se preocupar com cada detalhe. Se algo não estiver exatamente como você gostaria, permita-se seguir em frente, lembrando-se de que "bom o suficiente" é uma opção válida e muitas vezes mais produtiva.

Reflexão Pós-Atividade:

Ao final do projeto ou atividade, tire um tempo para refletir sobre a experiência. Pergunte-se: "O que aprendi ao aceitar as imperfeições?" ou "O resultado final foi significativamente prejudicado por eu não ter focado em cada detalhe?" Isso pode ajudá-lo a perceber que, mesmo com algumas imperfeições, o resultado pode ser satisfatório e até surpreendentemente positivo.

Recompense-se pelo Esforço:

Após completar o projeto, reconheça seu esforço em aceitar a imperfeição e celebre o progresso. A prática de reconhecer seus sucessos, mesmo em pequenas áreas, é crucial para cultivar uma abordagem mais gentil e menos crítica consigo mesmo.

Esse exercício visa flexibilizar a mentalidade do Tipo 1, ajudando-o a aceitar que nem todas as tarefas precisam ser perfeitas para serem valiosas e eficazes. Ao desenvolver a capacidade de agir com mais leveza e menos autocobrança, o Perfeccionista pode alcançar um maior senso de paz interna e satisfação com seus esforços.

Reflexão Final

Para o Tipo 1, o caminho para alinhar seus ideais com a realidade envolve uma jornada contínua de autocompaixão, aceitação e prática consciente. Esses exercícios não apenas ajudam o Perfeccionista a cultivar uma maior flexibilidade em sua vida diária, mas também reforçam a ideia de que a verdadeira integridade vem de viver de acordo com seus valores, não da busca incessante pela perfeição.

TIPO 2 - O AJUDANTE: ENCONTRANDO EQUILÍBRIO ENTRE DAR E RECEBER

O Tipo 2, conhecido como O Ajudante, tem uma forte inclinação para ajudar e cuidar dos outros, o que pode levar a um desequilíbrio quando sua energia é excessivamente dedicada aos outros, sem deixar espaço para si mesmo. Seu desafio espiritual e emocional está em encontrar um equilíbrio saudável entre dar e receber, e aprender a reconhecer suas próprias necessidades sem culpa. Esse equilíbrio é crucial para que o Ajudante possa continuar a servir de maneira saudável, sem se esgotar.

EXERCÍCIO 1: DIÁRIO DE AUTOCUIDADO

O Ajudante muitas vezes se concentra tanto nas necessidades dos outros que se esquece de cuidar de si mesmo. O exercício de manter um diário de autocuidado é projetado para cultivar uma prática regular de reflexão e cuidado com o próprio bem-estar. Esta prática incentiva o Tipo 2 a priorizar suas necessidades e a observar como pequenas ações diárias de autocuidado podem gerar um grande impacto no equilíbrio emocional.

Passos Práticos para o Diário de Autocuidado:

Escolha um Diário ou Ferramenta de Registro:

Escolha um caderno, um aplicativo de diário no celular ou até uma planilha digital para registrar suas práticas de autocuidado. O importante é ter um local onde você possa anotar regularmente suas ações de cuidado pessoal.

Estabeleça um Momento para Refletir:

No final de cada dia, reserve 5 a 10 minutos para refletir sobre como você cuidou de si mesmo. Pergunte-se: "O que eu fiz hoje que beneficiou meu corpo, minha mente ou minhas emoções?" Escreva pelo menos três ações que você realizou nesse sentido.

Exemplos de Ações de Autocuidado:

O autocuidado pode incluir práticas pequenas e simples como:

- Ter uma boa noite de sono ou cochilar durante o dia.

- Fazer uma pausa para respirar e meditar durante um momento estressante.

- Separar um tempo para ler um livro que você gosta.

- Praticar um *hobby* que lhe traz alegria, como jardinagem, culinária ou artesanato.

- Deliberadamente dizer "não" a um pedido ou demanda que sobrecarregaria seu tempo ou energia.

Reconheça o Impacto:

Ao registrar essas pequenas ações diariamente, observe o impacto que elas têm no seu humor, energia e bem-estar geral. Escreva breves reflexões sobre como você se sente após cada ação de autocuidado. Isso ajudará a reforçar a importância de se cuidar e incentivará a continuidade dessa prática.

Ajuste Conforme Necessário:

Com o tempo, você pode ajustar sua rotina de autocuidado. Talvez descubra novas práticas que funcionem melhor ou perceba que algumas atividades específicas têm um impacto mais significativo no seu bem-estar. Continue experimentando e ajustando seu foco para encontrar o que realmente nutre você.

Esse exercício auxilia o Ajudante a redirecionar parte de sua energia para si mesmo, proporcionando equilíbrio e prevenindo o esgotamento. À medida que o Tipo 2 se torna mais consciente de suas próprias necessidades, ele se sente mais energizado e capaz de continuar ajudando os outros sem sacrificar seu bem-estar.

EXERCÍCIO 2: EXERCÍCIO DE LIMITES

Um dos maiores desafios para o Tipo 2 é a dificuldade em dizer "não". O desejo de ser útil e amado pode levar o Ajudante a se comprometer com mais do que pode realmente administrar, resultando em cansaço e ressentimento. O exercício de estabelecer limites saudáveis é projetado para ajudar o Tipo 2 a refletir sobre seus próprios limites e necessidades, permitindo que tome decisões mais conscientes e equilibradas.

Passos Práticos para o Exercício de Limites:

Identifique Situações em Que Você Diz "Sim" Automaticamente:

Reflita sobre situações comuns em que você costuma dizer "sim" sem hesitar, mesmo quando sente que isso pode sobrecarregá-lo ou não é o melhor para você. Isso pode incluir pedidos de favores, compromissos sociais ou mesmo tarefas extras no trabalho.

Desenvolva Consciência Antes de Responder:

Na próxima vez que alguém lhe fizer um pedido, em vez de responder automaticamente, pare e respire fundo. Use esse momento para fazer uma pausa intencional e ganhar perspectiva. Pergunte-se: "Eu realmente quero ou posso fazer isso agora?" ou "Isso está alinhado com o que eu preciso neste momento?"

Faça Perguntas Claras a Si Mesmo:

Pergunte-se: "Dizer sim a isso está de acordo com o meu bem-estar?" ou "Vou me sentir sobrecarregado se eu concordar?" Esses questionamentos simples auxiliam o Ajudante a perceber quando está comprometendo seu próprio equilíbrio ao tentar agradar os outros.

Pratique Dizer "Não":

Quando perceber que dizer "sim" não está alinhado com suas necessidades ou prioridades, pratique gentilmente dizer "não". Pode ser algo como: "Eu adoraria ajudar, mas neste momento não tenho como me comprometer." ou "Eu não consigo fazer isso agora, mas podemos conversar sobre uma outra solução".

Observe como se Sente Após Estabelecer Limites:

Após estabelecer o limite, observe como você se sente. É normal que o Tipo 2 se sinta desconfortável ou culpado ao começar a dizer "não", mas, com a prática, essa habilidade traz uma sensação de liberdade e equilíbrio. Com o tempo, você perceberá que dizer "não" não afeta negativamente seus relacionamentos e, na verdade, preserva sua energia e sua saúde emocional.

Este exercício ajuda o Tipo 2 a construir autoconfiança e a estabelecer uma prática saudável de autocuidado, sem sacrificar seu desejo de ajudar os outros. Ao aprender a definir e manter limites, o Ajudante se tornará mais consciente de seus próprios limites emocionais e físicos, permitindo-lhe servir de forma mais equilibrada e sustentável.

Reflexão Final

Para o Tipo 2, encontrar o equilíbrio entre dar e receber é essencial para seu crescimento pessoal e espiritual. Esses exercícios foram projetados para reforçar a importância do autocuidado e dos limites saudáveis, ajudando o Ajudante a cuidar de si mesmo com o mesmo zelo com que cuida dos outros. Ao cultivar essas práticas, o Tipo 2 não só previne o esgotamento, mas também se torna um exemplo de como é possível ajudar os outros de maneira genuína sem perder de vista suas próprias necessidades e bem-estar.

TIPO 3 - O VENCEDOR: REDEFININDO SUCESSO COM AUTENTICIDADE

O Tipo 3, conhecido como O Vencedor, tem uma forte inclinação para alcançar o sucesso e obter reconhecimento. Muitas vezes, esse desejo leva a uma busca constante por realizações externas, como promoções, *status* e elogios. No entanto, o verdadeiro desafio espiritual do Vencedor é redefinir o sucesso, aprendendo a valorizar suas qualidades internas e a cultivar uma vida alinhada com autenticidade, em vez de focar apenas os resultados visíveis.

EXERCÍCIO 1: MEDINDO O SUCESSO INTERNO

O Vencedor costuma medir seu valor pessoal com base em conquistas externas — prêmios, metas atingidas ou a admiração dos outros. No entanto, o sucesso real não pode ser apenas medido por esses parâmetros externos. Para que o Tipo 3 alcance uma realização mais profunda, é crucial que ele aprenda a medir o sucesso também pelas qualidades internas que desenvolve, como paciência, compaixão e autenticidade.

Passos Práticos para Medir o Sucesso Interno:

Identifique Qualidades Internas que Valorizam:

Comece refletindo sobre as qualidades pessoais que você admira em si mesmo e nos outros. Qualidades como integridade, paciência, autenticidade, empatia, e coragem são exemplos de valores internos que muitas vezes são negligenciados quando o foco está apenas em conquistas externas.

Faça uma lista de cinco a dez dessas qualidades e pense em como você já as incorporou na sua vida ou em como gostaria de desenvolvê-las ainda mais.

Avalie seu Crescimento Interno:

Ao invés de se concentrar apenas em metas externas, estabeleça uma prática de medir seu crescimento em termos dessas qualidades. Pergunte-se: "Como eu posso ser mais paciente em situações desafiadoras?" ou "Como posso mostrar mais compaixão com meus colegas de trabalho ou família?"

Registre exemplos de momentos em que você praticou uma dessas qualidades, como mostrar empatia em uma conversa difícil ou ser autêntico em uma situação onde você normalmente tentaria agradar os outros.

Reflita sobre a Satisfação Interna:

Ao final de cada semana ou mês, revise sua lista e reflita sobre como cultivar essas qualidades internas o fez sentir. Pergunte-se: "Eu me sinto mais alinhado com quem eu realmente sou?" ou "Esse tipo de crescimento me traz uma sensação de realização mais profunda do que simplesmente alcançar uma meta externa?"

Redefina seu Conceito de Sucesso:

Ao longo do tempo, comece a ajustar sua definição de sucesso. A ideia é integrar suas realizações externas com as conquistas internas, criando um conceito de sucesso mais equilibrado e autêntico. Isso lhe permitirá sentir-se bem-sucedido de maneira mais profunda e duradoura, não apenas quando alcançar objetivos visíveis.

Esse exercício ajuda o Tipo 3 a ampliar sua visão de sucesso e a incorporar uma abordagem mais completa para avaliar seu progresso e realização. A prática de valorizar suas qualidades internas promove um senso de autoconfiança e valor pessoal que não depende do reconhecimento externo.

EXERCÍCIO 2: DESACELERANDO E REFLETINDO

O Vencedor está sempre em movimento, buscando a próxima meta e se preparando para o próximo desafio. Embora essa energia o ajude a alcançar muito, ela também pode afastá-lo de sua verdadeira essência e de sua alegria genuína. Esse exercício é voltado para ajudar o Tipo 3 a desacelerar e refletir sobre o que realmente o faz feliz, promovendo uma reconexão com suas paixões e valores autênticos, e não apenas com o desejo de reconhecimento.

Passos Práticos para Desacelerar e Refletir:

Reserve um Tempo Semanal:

Defina um tempo fixo a cada semana, preferencialmente 30 minutos, onde você pode ficar sozinho e em um ambiente tranquilo. Esse momento é destinado exclusivamente para a reflexão e para se reconectar com seus sentimentos e pensamentos mais profundos.

Pode ser durante um passeio no parque, em um momento de meditação, ou até em um café longe das distrações do dia a dia.

Faça Perguntas Profundas a Si Mesmo:

Durante esse tempo, pergunte-se: "O que realmente me traz alegria e satisfação?" e "Estou me movendo na direção que ressoa com quem eu realmente sou ou estou apenas buscando reconhecimento externo?"

Seja honesto com suas respostas e tente identificar áreas onde você está se afastando da sua autenticidade em nome de *status* ou sucesso externo.

Identifique Momentos de Autenticidade:

Reflita sobre as últimas semanas ou meses e identifique momentos em que você se sentiu mais autêntico. Quando você esteve mais alinhado com sua verdadeira natureza? Foram momentos de interação com amigos próximos, um projeto no qual você estava genuinamente interessado, ou um tempo dedicado a um *hobby* pessoal?

Registrar esses momentos o ajudará a reconhecer o que realmente o satisfaz, em vez de focar apenas as recompensas externas.

Alinhe-se com sua Paixão:

Após refletir sobre suas verdadeiras paixões e áreas de autenticidade, considere como você pode integrar mais dessas atividades em sua vida. Talvez seja necessário reavaliar projetos que você está perseguindo apenas pelo reconhecimento, em favor de outros que realmente ressoem com seu coração e sua essência.

Monitore suas Intenções:

Durante a semana, fique atento às suas intenções por trás das suas ações. Pergunte-se regularmente: "Estou fazendo isso porque realmente quero, ou porque sinto que preciso ser visto como bem-sucedido pelos outros?" Essa autoconsciência o ajudará a fazer escolhas mais autênticas e satisfatórias, que não dependem da validação externa.

Esse exercício ensina o Tipo 3 a se reconectar com sua verdadeira essência, desacelerando o ritmo frenético e refletindo sobre o que traz alegria e propósito genuínos. Ele permite que o Vencedor descubra o que é verdadeiramente significativo para ele, em vez de ser impulsionado apenas pelo desejo de alcançar metas externas.

Reflexão Final

Para o Tipo 3, redefinir o sucesso é uma jornada de transformação, onde as conquistas externas ainda são valorizadas, mas as qualidades internas e a autenticidade assumem uma nova importância. Esses exercícios promovem uma vida mais equilibrada e conectada, ajudando o Vencedor a alinhar suas ações com suas verdadeiras paixões e valores. Ao praticar a desaceleração e a autoavaliação, o Tipo 3 pode alcançar uma realização mais profunda e sustentável, encontrando alegria tanto nas pequenas vitórias internas quanto nas conquistas externas.

TIPO 4 - O INTENSO: ABRAÇANDO A AUTENTICIDADE E CONECTANDO-SE COM O MUNDO

O Tipo 4, conhecido como O Intenso, é profundamente movido pela busca de autenticidade e pela necessidade de expressar suas emoções mais profundas e complexas. Com uma vida emocional rica e muitas vezes turbulenta, os Intensos podem se sentir desconectados ou incompreendidos, acreditando que falta algo essencial em suas vidas. O caminho para o equilíbrio espiritual e emocional para o Tipo 4 envolve abraçar essa autenticidade, mas também aprender a se conectar com o mundo e com os outros de maneira significativa, sem perder-se na melancolia ou na busca constante por algo inatingível.

EXERCÍCIO 1: EXPRESSÃO CRIATIVA

A expressão criativa é uma necessidade essencial para o Tipo 4. Seja através da arte, música, escrita ou qualquer outra forma de criação, os Intensos encontram um meio de traduzir suas emoções complexas e suas experiências internas em algo tangível. Esse exercício ajuda a canalizar essas emoções de maneira autêntica e a alinhar o Tipo 4 com seu propósito, permitindo que suas criações reflitam suas verdades mais profundas.

Passos Práticos para a Expressão Criativa:

Escolha uma Forma de Expressão:

Escolha uma atividade criativa que ressoe com você. Pode ser pintura, escrita, composição musical, fotografia, escultura, ou até dançar. O importante é escolher uma forma que lhe permita expressar suas emoções e sentimentos sem restrições.

Se já tem um *hobby* criativo, aprofunde-se nele; se não, este pode ser o momento de explorar novas formas de expressão.

Agende um Tempo Semanal:

Dedique um tempo fixo, pelo menos uma vez por semana, para se engajar nessa atividade criativa. Reserve esse tempo como um momento sagrado para se conectar com suas emoções, longe das distrações do dia a dia.

Mesmo que você tenha uma agenda apertada, separe ao menos 30 minutos para essa prática, como uma maneira de nutrir sua autenticidade.

Concentre-se na Autenticidade, Não na Perfeição:

O foco não deve ser na qualidade técnica ou no resultado final da sua criação, mas sim na autenticidade do que você está expressando. O objetivo é traduzir o que você sente de maneira honesta, sem julgar se o que você cria é "bom" ou "perfeito".

Pergunte-se: "O que estou sentindo agora? Como posso transformar essa emoção em algo tangível?"

Reflita sobre a Experiência:

Após cada sessão de criação, tire alguns minutos para refletir sobre a experiência. Como foi expressar suas emoções dessa forma? Isso trouxe clareza ou alívio? Sente-se mais alinhado com quem você realmente é?

Ao longo do tempo, essa prática criativa pode ajudar o Tipo 4 a ver como suas emoções são um recurso valioso para sua autenticidade e propósito de vida.

Este exercício ajuda o Intenso a externalizar suas emoções, tornando-as uma parte do seu propósito e contribuindo para sua sensação de completude. Ao expressar suas experiências internas de forma criativa, o Tipo 4 encontra uma maneira de se conectar com o mundo e consigo mesmo de maneira mais profunda.

EXERCÍCIO 2: PRATICANDO A GRATIDÃO

O Tipo 4 tem uma tendência a focar o que falta em sua vida, o que muitas vezes o faz sentir-se insatisfeito ou incompleto. Para equilibrar essa visão, a prática diária da gratidão ajuda o Intenso a reconhecer o que já possui de valor e significado em sua vida, criando uma base sólida de contentamento que reflete seu propósito de maneira mais equilibrada.

Passos Práticos para a Prática da Gratidão:

Escolha um Momento Fixo do Dia:

> Defina um momento fixo a cada dia para refletir sobre os aspectos da sua vida pelos quais você é grato. Pode ser logo de manhã, para começar o dia com uma mentalidade positiva, ou à noite, para encerrar o dia com uma sensação de completude.
>
> O ideal é escolher um momento em que você possa se concentrar plenamente, sem pressa, por pelo menos 5 a 10 minutos.

Liste Três Aspectos Diários:

> A cada dia, faça uma lista de pelo menos três coisas pelas quais você é profundamente grato. Podem ser aspectos grandes ou pequenos: uma conversa significativa com um amigo, um momento de inspiração criativa, a beleza da natureza ao seu redor, ou até mesmo um momento de calma interna.
>
> Concentre-se em identificar elementos que muitas vezes passam despercebidos, mas que contribuem para sua jornada de vida.

Reflexão sobre o Caminho de Propósito:

> Para cada item na sua lista, pergunte-se: "Como esse elemento reflete meu caminho de propósito?" ou "De que maneira isso me ajuda a me conectar com meu verdadeiro eu?"
>
> Ao reconhecer os aspectos positivos da sua vida, você começa a ver como eles estão, de fato, alinhados com seu propósito e suas aspirações, mesmo que em detalhes.

Anote suas Reflexões:

> Mantenha essas reflexões registradas em um diário de gratidão. Ao longo do tempo, você poderá revisitar essas anotações e observar

como a prática da gratidão mudou sua percepção da vida e do que você já possui.

Essa prática ajuda a cultivar um senso de abundância emocional, em vez de fixar-se apenas no que está faltando.

Reforçando o Equilíbrio Emocional:

À medida que você pratica a gratidão, perceba como isso impacta seu equilíbrio emocional e sua visão da vida. A gratidão não nega suas emoções complexas, mas oferece uma âncora de equilíbrio e apreciação, mostrando que você pode ter uma vida rica em significado mesmo em meio a desafios emocionais.

A prática diária da gratidão ajuda o Tipo 4 a sair da mentalidade de carência e a reconhecer a abundância já presente em sua vida. Isso permite que o Intenso veja o valor no presente, sem a necessidade de buscar continuamente algo que pareça inatingível, proporcionando mais estabilidade emocional e alinhamento com seu propósito.

Reflexão Final

Para o Tipo 4, o caminho para abraçar a autenticidade e se conectar com o mundo passa por um equilíbrio entre a expressão criativa e a gratidão consciente. Esses exercícios permitem que o Intenso cultive suas emoções e experiências internas de forma construtiva, ajudando-o a se sentir mais conectado com sua própria jornada e com o que já possui. Ao praticar a autoexpressão autêntica e a gratidão, o Tipo 4 pode alinhar-se com seu propósito de vida de maneira mais equilibrada e satisfatória, encontrando um senso de realização e conexão genuína.

TIPO 5 - O ANALÍTICO: CONECTANDO CONHECIMENTO COM AÇÃO

O Tipo 5, conhecido como O Analítico, é movido por uma profunda curiosidade e um desejo de entender o mundo ao seu redor. Eles acumulam conhecimento de maneira intensa e muitas vezes preferem o isolamento intelectual para explorar suas ideias. No entanto, para o Analítico, o desafio é sair do mundo da teoria e aplicar o que aprendeu, compartilhando suas descobertas e conectando-se emocionalmente com os outros. O caminho espiritual do Tipo 5 envolve equilibrar a busca pelo conhecimento com a ação prática e o engajamento emocional, conectando o saber com o sentir.

EXERCÍCIO 1: COMPARTILHAMENTO DE CONHECIMENTO

O Tipo 5 possui uma incrível capacidade de absorver informações e aprofundar-se em temas de interesse. No entanto, para crescer espiritualmente e emocionalmente, é importante que eles compartilhem o que aprenderam com os outros. Esse exercício é projetado para ajudar o Analítico a sair de seu espaço de isolamento intelectual e encontrar maneiras de compartilhar suas descobertas, conectando seu vasto conhecimento com uma missão maior e, ao mesmo tempo, contribuindo para o crescimento coletivo.

Passos Práticos para o Compartilhamento de Conhecimento:

Escolha um Tópico de Interesse:

Pense em um assunto pelo qual você tem verdadeira paixão e que estudou profundamente. Pode ser uma área de especialização, como ciência, filosofia, tecnologia, história, ou um *hobby* no qual você se sente confortável para falar ou ensinar.

Pergunte-se: "Qual tema me inspira tanto que eu gostaria de compartilhar com outros?"

Escolha um Meio de Compartilhamento:

Identifique uma maneira de compartilhar esse conhecimento com outras pessoas. Você pode optar por criar um blog, gravar vídeos ou *podcasts*, organizar uma palestra, oferecer aulas online, ou até mesmo iniciar uma série de conversas com amigos ou colegas sobre o tema.

Se você prefere algo mais informal, comece compartilhando suas ideias em conversas pessoais, onde pode sentir que suas contribuições são valorizadas.

Planeje um Modo Regular de Contribuição:

Considere fazer desse compartilhamento uma prática regular. Talvez você publique um *post* no *blog* semanalmente ou compartilhe suas ideias em pequenos grupos uma vez por mês. O importante é manter uma consistência para que essa atividade se torne uma maneira natural de conectar-se com os outros.

Estabeleça metas simples e alcançáveis, como escrever um artigo por mês ou fazer uma palestra a cada dois meses.

Reflita sobre o Impacto do Compartilhamento:

Ao final de cada sessão de compartilhamento, tire um tempo para refletir sobre como foi a experiência. Como você se sentiu ao expressar suas ideias e como os outros reagiram? O ato de compartilhar o fez sentir-se mais conectado com seu propósito?

Observe se o compartilhamento gerou conversas significativas ou se despertou curiosidade em outras pessoas. Isso fortalecerá a sensação de que seu conhecimento pode ter um impacto positivo no mundo.

Esse exercício ajuda os Tipo 5 a romperem o isolamento intelectual, permitindo que compartilhem suas paixões e ampliem seu impacto. Ao transformar o conhecimento em algo compartilhado e prático, o Analítico também encontra um caminho de conexão com sua missão de vida, vendo como suas contribuições podem beneficiar os outros.

EXERCÍCIO 2: APROFUNDANDO-SE NAS EMOÇÕES

O Tipo 5 costuma focar sua energia na mente, preferindo processar o mundo através de uma lente intelectual. Embora essa habilidade de análise seja uma força, muitas vezes eles negligenciam suas emoções e evitam envolver-se profundamente com elas. Esse exercício é projetado para ajudar o Analítico a sair de sua zona de conforto intelectual e explorar suas emoções, refletindo sobre como esses sentimentos estão conectados com seu propósito de vida.

Passos Práticos para Aprofundar-se nas Emoções:

Agende um Tempo Semanal para a Reflexão Emocional:

Reserve um tempo fixo a cada semana para se concentrar exclusivamente em suas emoções, separando este momento da sua prática intelectual. Isso pode ser durante uma meditação guiada, um passeio solitário na natureza ou um momento em casa de reflexão tranquila.

Esse espaço é um convite para deixar as ideias de lado e simplesmente sentir o que está emergindo em você.

Escreva sobre Suas Emoções:

Use um diário para registrar suas emoções e sentimentos. Pergunte-se: "O que estou sentindo agora?" ou "Como essas emoções estão influenciando minhas decisões e meu comportamento?"

Se inicialmente for difícil identificar emoções, comece com o básico: felicidade, tristeza, ansiedade, medo. Com o tempo, você poderá aprofundar-se em nuances mais sutis.

Medite sobre Conexões com Seu Propósito:

Depois de identificar e refletir sobre suas emoções, pergunte-se: "Como essas emoções se conectam com meu propósito de vida?" ou "O que meus sentimentos estão tentando me mostrar sobre o caminho que devo seguir?"

Por exemplo, se você se sentir frustrado ou ansioso, pode ser um sinal de que suas ações estão desalinhadas com seus valores ou que está negligenciando uma área importante da sua vida. Se você se sentir em paz, pode ser um sinal de que está no caminho certo.

Observe Padrões Emocionais:

Ao longo do tempo, você pode começar a notar padrões nas suas emoções. Talvez você perceba que certos sentimentos surgem em situações repetitivas, ou que há uma emoção subjacente que você está evitando. Identificar esses padrões ajuda a conectar suas emoções com suas ações e decisões cotidianas.

Isso cria um mapa emocional que pode guiá-lo em direção a decisões mais equilibradas, alinhadas não apenas com seu conhecimento, mas também com o que você sente.

Integre Emoção com Ação:

À medida que você se torna mais consciente de suas emoções, tente integrar essa nova consciência em suas ações. Por exemplo, se você reconhece que está se sentindo sobrecarregado, considere dar um passo atrás ou reavaliar um projeto. Se perceber que está se sentindo inspirado ou motivado, use essa energia para iniciar um novo projeto ou assumir um novo desafio.

Esse exercício ajuda o Tipo 5 a equilibrar sua mente analítica com a consciência emocional, permitindo que suas decisões e ações sejam mais integrais e equilibradas.

Ao explorar suas emoções, o Analítico pode descobrir aspectos do seu propósito que estavam adormecidos ou reprimidos, encontrando uma nova fonte de motivação e clareza.

Reflexão Final

Para o Tipo 5, o caminho para conectar o conhecimento com a ação envolve tanto o compartilhamento das ideias intelectuais quanto o mergulho nas emoções. Esses exercícios foram projetados para ajudar o Analítico a romper as barreiras do isolamento e da análise excessiva, permitindo que eles vivam de forma mais equilibrada e conectada, tanto com os outros quanto consigo mesmos. Ao compartilhar seu vasto conhecimento e reconhecer suas emoções, o Tipo 5 encontra um propósito de vida que combina mente e coração, criando uma vida mais rica e significativa.

TIPO 6 - O PRECAVIDO: CULTIVANDO CONFIANÇA INTERNA E SEGURANÇA

O Tipo 6, conhecido como O Precavido, é movido por uma busca profunda por segurança e previsibilidade. Muitas vezes, o Precavido tende a duvidar de suas próprias decisões e buscar garantias externas para sentir-se seguro. No entanto, o verdadeiro crescimento do Tipo 6 ocorre quando ele desenvolve confiança interna, acreditando em sua própria capacidade de lidar com o desconhecido e as incertezas da vida. Esses exercícios são projetados para fortalecer essa confiança interna e criar uma sensação de segurança que não dependa de fatores externos.

EXERCÍCIO 1: CONFIANÇA EM PEQUENOS PASSOS

O Precavido frequentemente se sente ansioso em relação a decisões e incertezas, o que o leva a consultar outras pessoas ou buscar garantias antes de agir. Esse comportamento pode dificultar o desenvolvimento da confiança em sua própria capacidade de resolver problemas. Este exercício incentiva o Tipo 6 a tomar pequenas ações de forma independente, ajudando-o a perceber que ele é capaz de lidar com desafios sem precisar da constante validação dos outros.

Passos Práticos para Fortalecer a Confiança:

Identifique uma Área de Incerteza:

> Reflita sobre uma área da sua vida na qual você se sente inseguro ou normalmente busca a opinião dos outros antes de agir. Pode ser algo relacionado ao trabalho, relacionamentos ou até mesmo decisões simples do dia a dia.

> Pergunte-se: "Onde eu sinto a maior necessidade de obter garantias?"

Escolha uma Ação Pequena e Significativa:

Identifique uma ação pequena, mas significativa, que você possa tomar por conta própria, sem pedir ajuda ou validação de outras pessoas. Por exemplo, tomar uma decisão no trabalho sem consultar seu chefe, ou lidar com uma questão pessoal sem pedir conselhos antes.

A ideia é começar com algo simples, de forma que a incerteza não pareça esmagadora, mas sim um desafio que você pode enfrentar.

Execute a Ação de Forma Independente:

Comprometa-se a executar essa ação sem consultar ninguém, confiando em seu próprio julgamento e habilidades. Ao tomar essa atitude, reconheça a sensação de desconforto inicial que pode surgir, mas persista na decisão de agir de maneira independente.

Enquanto age, preste atenção à sua intuição e use-a como guia. Se surgirem dúvidas, lembre-se de que incertezas são naturais e que você é capaz de lidar com elas.

Reflita sobre o Resultado:

Após completar a ação, tire um tempo para refletir sobre o processo. Como foi agir sem buscar garantias? O que você aprendeu sobre sua capacidade de lidar com a incerteza? Mesmo que o resultado não tenha sido perfeito, concentre-se no fato de que você conseguiu tomar uma decisão por si mesmo.

Reconheça essa conquista e celebre o progresso feito, mesmo que pequeno. Isso fortalece a autoconfiança e prepara o caminho para ações mais significativas no futuro.

Esse exercício ajuda o Tipo 6 a construir confiança interna em doses pequenas e gerenciáveis. Ao agir de forma independente, o Precavido percebe que é capaz de lidar com situações incertas, fortalecendo sua capacidade de confiar em si mesmo, em vez de depender de validação externa.

EXERCÍCIO 2: VISUALIZAÇÃO DE SEGURANÇA

Para o Tipo 6, as incertezas e os desafios da vida podem parecer ameaçadores, e essa percepção muitas vezes gera ansiedade. A prática de visualização é uma ferramenta poderosa para ajudar o Precavido a criar um estado mental de segurança, confiança e clareza, mesmo ao enfrentar o desconhecido. Este exercício de visualização permite que o Tipo 6 imagine-se navegando com confiança por situações desafiadoras, reforçando sua sensação de autossuficiência e segurança interna.

Passos Práticos para a Visualização de Segurança:

Encontre um Ambiente Tranquilo:

> Reserve um tempo diário, de preferência pela manhã ou à noite, em um ambiente tranquilo onde você possa relaxar e se concentrar. Sente-se confortavelmente e feche os olhos.

> Respire profundamente algumas vezes para se acalmar e focar o presente.

Visualize um Desafio ou Situação de Incerteza:

> Traga à mente uma situação específica que atualmente causa incerteza ou ansiedade. Pode ser algo relacionado ao trabalho, um relacionamento, ou até mesmo uma situação futura que você teme enfrentar.

> Visualize-se nessa situação, imaginando todos os detalhes envolvidos.

Imagine-se Enfrentando o Desafio com Confiança:

> Agora, visualize-se navegando por essa situação com confiança e clareza. Veja-se enfrentando o desafio de maneira calma e segura, tomando decisões com convicção e agindo de forma assertiva.

> Pergunte-se: "Como eu posso me sentir seguro ao lidar com essa situação?" e imagine-se lidando com possíveis obstáculos de forma eficaz.

Crie Sensações de Segurança Interna:

Durante a visualização, concentre-se nas sensações físicas de segurança e tranquilidade em seu corpo. Sinta sua respiração fluindo suavemente, seus músculos relaxados, e um senso de clareza tomando conta de sua mente.

Repita afirmações mentais, como: "Eu sou capaz de lidar com o desconhecido" ou "Eu confio na minha capacidade de tomar boas decisões".

Reflita Após a Visualização:

Ao final da visualização, reflita sobre como você se sente. Essa prática ajudou a diminuir a ansiedade em relação à situação? Sente-se mais preparado para enfrentar o desafio de forma prática e segura?

Com o tempo, essa prática regular de visualização fortalecerá sua confiança interna e criará um estado mental de calma, mesmo diante de incertezas.

Esse exercício ajuda o Tipo 6 a reprogramar sua resposta ao medo e à ansiedade, criando uma sensação de segurança interna que independe de garantias externas. Ao praticar essa visualização diariamente, o Precavido começa a internalizar a confiança em sua capacidade de navegar por situações desafiadoras com clareza e confiança.

Reflexão Final

Para o Tipo 6, a jornada para cultivar confiança interna e segurança é um processo contínuo de fortalecimento da autoconfiança e de aprendizado sobre como lidar com incertezas. Esses exercícios são projetados para ajudar o Precavido a confiar em suas próprias habilidades, tomar decisões independentes e enfrentar desafios com uma mente mais tranquila. Ao praticar a confiança em pequenos passos e a visualização de segurança, o Tipo 6 descobre que a verdadeira sensação de segurança vem de dentro, e que é possível navegar pelo desconhecido com coragem e clareza.

TIPO 7 - O OTIMISTA: CULTIVANDO PROFUNDIDADE E FOCO

O Tipo 7, conhecido como O Otimista, é movido por uma energia vibrante e uma busca incessante por novas experiências, aventuras e estímulos. Embora essa busca por variedade e prazer traga uma sensação de liberdade, ela também pode impedir que o Tipo 7 se comprometa com projetos a longo prazo ou explore a profundidade das experiências. Para o Otimista, o verdadeiro crescimento ocorre quando ele aprende a cultivar foco, lidar com o desconforto do tédio ou da rotina, e encontrar significado nas experiências presentes, em vez de buscar constantemente a próxima novidade.

EXERCÍCIO 1: O PROJETO DE LONGO PRAZO

O Tipo 7 tem uma tendência a abandonar projetos ou compromissos assim que a novidade desaparece e surge a monotonia. Este exercício é projetado para ajudar o Otimista a desenvolver foco e persistência, escolhendo um projeto de longo prazo que exija dedicação e disciplina. O objetivo é aprender a lidar com o desconforto e a frustração que podem surgir ao longo do caminho, enquanto se celebra o progresso a cada etapa concluída.

Passos Práticos para o Projeto de Longo Prazo:

Escolha um Projeto de Interesse Pessoal:

Identifique um projeto ou atividade que exija dedicação ao longo do tempo, como aprender um novo instrumento, escrever um livro, ou concluir um curso online. Escolha algo que desperte seu interesse genuíno, mas que também exija disciplina para ser completado.

Pergunte-se: "O que eu gostaria de realizar que levará tempo e paciência para ser concluído?"

Divida o Projeto em Etapas Menores:

Para evitar o sentimento de sobrecarga ou perda de interesse, divida o projeto em etapas menores e gerenciáveis. Cada etapa deve ter um prazo e um objetivo específico.

Por exemplo, se você decidiu escrever um livro, estabeleça metas semanais de quantas páginas ou capítulos você deseja concluir.

Estabeleça Prazos Realistas:

Defina prazos realistas para cada etapa do projeto. Certifique-se de que os prazos sejam desafiadores o suficiente para manter o foco, mas não tão rígidos a ponto de causar frustração ou estresse excessivo.

Mantenha uma agenda onde você possa acompanhar o progresso e os prazos, garantindo que você continue avançando, mesmo quando o entusiasmo inicial diminuir.

Celebre Cada Conquista:

A cada etapa concluída, reserve um momento para celebrar o progresso. Reconhecer cada conquista, por menor que seja, ajuda a manter o engajamento e a sensação de realização, fortalecendo seu comprometimento com o projeto.

Celebrações podem ser simples, como uma refeição especial, uma pequena recompensa pessoal, ou até compartilhar sua conquista com amigos.

Lide com o Desconforto da Monotonia:

Durante o processo, você inevitavelmente encontrará momentos de monotonia ou frustração. Quando isso acontecer, em vez de mudar de ideia ou começar algo novo, use o desconforto como uma oportunidade de aprendizado.

Pergunte-se: "Como posso continuar apesar da falta de novidade? O que posso aprender sobre perseverança e paciência ao seguir até o fim?"

Esse exercício ensina o Tipo 7 a desenvolver o foco e a persistência necessários para alcançar metas de longo prazo, promovendo a satisfação que vem de realizar algo até o fim. Ao se comprometer com um projeto e celebrar cada passo, o Otimista descobre a alegria da profundidade e da continuidade.

EXERCÍCIO 2: APROFUNDAMENTO NO PRESENTE

O Tipo 7 frequentemente se vê distraído por pensamentos sobre o futuro ou novas possibilidades, o que pode torná-lo incapaz de desfrutar plenamente o momento presente. Este exercício de *mindfulness* é projetado para ajudar o Otimista a praticar estar presente, desenvolvendo uma maior conexão com suas emoções e experiências atuais. O objetivo é cultivar a capacidade de viver o presente de forma mais consciente, sem fugir para o futuro em busca de novas distrações.

Passos Práticos para Aprofundamento no Presente:

Escolha um Momento Tranquilo do Dia:

> Escolha um momento do dia em que você possa se dedicar à prática de *mindfulness*, sem distrações. Pode ser ao acordar, antes de dormir, ou durante uma pausa tranquila no trabalho.

> Sente-se confortavelmente em um lugar silencioso e feche os olhos, mantendo uma postura relaxada.

Concentre-se na Respiração e nas Sensações Físicas:

> Comece a prática concentrando-se em sua respiração. Observe a sensação do ar entrando e saindo de seus pulmões, sem tentar controlá-la. Em seguida, expanda sua atenção para as sensações físicas em seu corpo. Observe qualquer tensão, desconforto, ou relaxamento, sem julgá-los ou tentar mudá-los.

> Apenas permita-se estar presente com o que está acontecendo no seu corpo.

Observe Suas Emoções sem Julgamento:

> À medida que se torna mais consciente do momento presente, preste atenção às suas emoções. Pergunte-se: "O que estou sentindo agora?" Pode ser alegria, ansiedade, tédio ou qualquer outra emoção.

> O objetivo é observar essas emoções sem tentar mudá-las ou fugir delas. Apenas esteja presente com o que surge, aceitando o que estiver sentindo sem julgamento.

Traga-se de Volta ao Presente Sempre que se Distrair:

Durante a prática, sua mente provavelmente começará a vagar, pensando no futuro ou planejando novas atividades. Quando perceber que sua mente se distraiu, simplesmente traga-a de volta para o presente, focando novamente a sua respiração ou as sensações do corpo.

Não se julgue por se distrair; o objetivo é praticar retornar ao momento presente sempre que a mente se afastar.

Expanda essa Consciência para o Cotidiano:

Após a prática formal, tente expandir essa consciência do presente para o seu dia a dia. Ao realizar atividades cotidianas, como comer, caminhar ou conversar, concentre-se em estar completamente presente, prestando atenção a cada detalhe da experiência.

Pergunte-se ao longo do dia: "Estou realmente presente neste momento, ou minha mente está no futuro?" Esse questionamento o ajudará a cultivar uma conexão mais profunda com suas experiências atuais.

Essa prática de *mindfulness* ajuda o Tipo 7 a desenvolver uma maior apreciação pelo momento presente, combatendo sua tendência de viver sempre no futuro. Ao se permitir estar totalmente presente com suas emoções e experiências, o Otimista pode encontrar uma nova fonte de alegria e profundidade em sua vida cotidiana.

Reflexão Final

Para o Tipo 7, cultivar profundidade e foco é essencial para equilibrar sua busca constante por novas experiências com a necessidade de comprometimento e presença.

Esses exercícios foram projetados para ajudar o Otimista a se concentrar em projetos de longo prazo e a valorizar o momento presente, promovendo um crescimento mais equilibrado e significativo. Ao desenvolver a capacidade de lidar com o desconforto e a monotonia, e ao praticar estar plenamente presente, o Tipo 7 pode encontrar uma nova fonte de satisfação e realização em sua vida.

CAPÍTULO 6:

TESTES DE APTIDÕES E MOTIVAÇÕES PARA ALINHAMENTO DE MISSÃO DE VIDA

Aqui agora, este livro traz uma ferramenta poderosa para ajudá-lo a encontrar esse caminho: um TESTE personalizado para cada tipo de personalidade do Eneagrama. Cada capítulo dedicado a um tipo específico traz um teste prático que foi cuidadosamente desenvolvido para levá-lo a refletir sobre suas motivações, desafios e potenciais, a fim de revelar como essas características podem ser alinhadas com sua missão de vida.

POR QUE O TESTE É IMPORTANTE?

Os testes apresentados neste livro vão além da simples identificação de traços de personalidade. Eles foram criados para abrir um espaço de profunda reflexão, permitindo que você veja, com clareza, como os padrões e comportamentos que vive podem estar influenciando sua capacidade de descobrir e manifestar sua missão de vida.

Cada teste é projetado para ajudar você a:
- Identificar motivações profundas: Entender o que verdadeiramente o impulsiona e como isso pode guiar sua jornada de propósito.
- Reconhecer seus desafios: Tomar consciência das barreiras internas que podem estar te impedindo de viver sua missão de forma plena e consciente.

- Explorar oportunidades: Refletir sobre como suas habilidades, quando alinhadas ao propósito correto, podem impactar positivamente o mundo ao seu redor.

- Descobrir áreas de crescimento: Enxergar com mais clareza as qualidades que você precisa desenvolver para se alinhar com sua missão de vida.

- Este processo de reflexão é essencial para que você possa transformar seus comportamentos automáticos e padrões repetitivos em ações mais conscientes e direcionadas.

Como o Teste Vai Ajudar Você?

Para cada tipo de personalidade, o teste oferece um mergulho profundo nas nuances que caracterizam seu perfil. Isso significa que, ao responder às perguntas de maneira sincera, você será guiado a identificar:

- Qualidades naturais que podem ser canalizadas para algo maior.
- Motivações internas que revelam o que realmente o move.
- Medos e resistências que podem estar limitando sua evolução.
- Oportunidades de transformação, com sugestões práticas para alinhar sua vida com seu propósito.

Com essa ferramenta, você deixará de agir no "piloto automático", passando a tomar decisões mais conscientes sobre seu futuro. O teste ajuda a construir um mapa pessoal que orienta suas escolhas e revela o que é essencial para sua realização.

Como Utilizar o Teste na Prática?

Este teste é uma ferramenta prática e acessível. Ao completar cada um deles, você terá uma visão mais clara dos seguintes aspectos:

- Reconhecendo seus padrões: Você será levado a reconhecer seus principais comportamentos e atitudes, tanto os que o ajudam quanto os que o atrapalham na busca por seu propósito.

- Refletindo sobre suas motivações e desafios: Ao entender o que o motiva, você será capaz de visualizar com mais precisão aonde quer chegar e o que precisa fazer para alinhar seus comportamentos com sua missão de vida.

- Identificando áreas de ajuste: Os testes o ajudarão a perceber onde você precisa ajustar suas atitudes e crenças para que esteja mais alinhado com seus valores mais profundos.

- Ação prática: Cada resultado oferece sugestões claras e objetivas sobre como você pode usar suas características e qualidades naturais para manifestar seu propósito de vida de forma prática e realista.

Ao responder às perguntas, é importante lembrar que não há respostas certas ou erradas. O objetivo aqui não é julgar seus comportamentos, mas sim permitir uma autoanálise honesta e profunda que vai ajudar você a tomar decisões mais alinhadas com seu propósito e missão.

Este Teste é o Início de uma Jornada

Responder a este teste é apenas o começo de uma jornada de autodescoberta. Ele vai ajudá-lo a identificar os pontos principais de sua personalidade e lhe oferecer uma visão clara sobre como você pode alinhar seus dons com seu propósito maior.

A partir dos resultados, você poderá refletir sobre os próximos passos da sua jornada de vida, orientando suas decisões e ações diárias em direção a um sentido maior. Lembre-se: o caminho para descobrir sua missão de vida não é um ponto final, mas um processo contínuo de crescimento e transformação.

Com esses testes, você está recebendo uma ferramenta poderosa para explorar seus potenciais e viver uma vida mais alinhada com quem você realmente é. Ao se conectar com o que há de mais autêntico em você, estará mais preparado para contribuir com o mundo de maneira significativa e, acima de tudo, encontrar a satisfação e a realização que vêm de viver sua missão de vida.

Cada capítulo de teste, focado no seu tipo de personalidade, o guiará para reflexões e descobertas que podem transformar sua vida. Esta é uma oportunidade de olhar para dentro e começar a alinhar seus talentos, desafios e potenciais com algo maior e mais profundo. O teste é uma chave que abre a porta para uma jornada pessoal e espiritual significativa, permitindo que você traga mais consciência, autenticidade e propósito para sua vida.

Lembre-se de que, ao final de cada teste, as interpretações vão oferecer um direcionamento claro sobre como manifestar sua missão de vida. Use essa ferramenta para se conhecer melhor, ajustar sua trajetória e viver de acordo com sua verdadeira essência.

Vamos em frente?

TESTE PARA O TIPO 8 - O PODEROSO: DESCOBRINDO SUA MISSÃO DE VIDA

Instruções: Responda às perguntas a seguir com sinceridade. Escolha a opção que melhor reflete seus sentimentos e comportamentos na maioria das situações. Esse teste vai ajudar você a descobrir como pode canalizar suas características de liderança e poder para manifestar sua missão de vida de forma construtiva e equilibrada.

Seção 1: Sua Visão de Liderança e Poder

1. Como você se sente ao assumir a liderança em um grupo ou projeto?

   a) Eu me sinto natural e confortável, pois gosto de estar no controle e garantir que tudo funcione bem.

   b) Eu assumo a liderança quando necessário, mas prefiro colaborar com outros líderes.

   c) Às vezes sinto que preciso ser mais cauteloso ao tomar decisões e deixar espaço para os outros se expressarem.

2. Quando as coisas fogem do controle ou parecem incertas:

   a) Eu tomo a frente e tento resolver o problema rapidamente, garantindo que tudo fique sob controle.

   b) Tento ver o que os outros pensam, mas acabo agindo de forma decisiva para proteger o que é importante.

   c) Isso me deixa frustrado, mas às vezes evito agir para não parecer controlador demais.

3. O que você acredita ser seu papel no mundo?

a) Proteger e liderar aqueles que precisam de orientação ou proteção.

b) Garantir que haja justiça e que as coisas sejam feitas da maneira correta.

c) Criar um ambiente seguro onde as pessoas possam confiar em mim para tomar decisões importantes.

Seção 2: Motivações e Propósito

4. O que mais o motiva quando está engajado em um projeto ou causa?

a) A sensação de que estou no comando e posso fazer a diferença, garantindo que tudo corra conforme o planejado.

b) O impacto que estou tendo nas pessoas e como estou criando mudanças tangíveis.

c) O fato de eu poder proteger aqueles que confiam em mim e garantir que o projeto seja bem-sucedido.

5. O que você considera uma missão de vida satisfatória?

a) Uma missão na qual posso usar minha energia, coragem e determinação para alcançar grandes objetivos e influenciar positivamente os outros.

b) Um caminho onde consigo proteger aqueles que amo, garantindo que o ambiente ao meu redor seja seguro e justo.

c) Uma jornada que me permita liderar com força, mas ao mesmo tempo ser justo e dar espaço para os outros crescerem.

6. Em quais áreas você sente que está mais alinhado com sua missão de vida atualmente?

a) Ao tomar decisões importantes e liderar grupos ou causas que considero valiosas.

b) Ao proteger pessoas vulneráveis e garantir que estou fazendo o máximo para melhorar a vida delas.

c) Ao criar estruturas e sistemas que garantam justiça e estabilidade para aqueles ao meu redor.

Seção 3: Desafios e Oportunidades

7. Qual é o maior desafio que você enfrenta em relação à sua missão de vida?

a) Controlar minha tendência de ser muito dominante ou inflexível ao liderar, o que às vezes pode afastar as pessoas.

b) Encontrar um equilíbrio entre proteger e permitir que os outros cresçam por conta própria.

c) Evitar assumir responsabilidade por tudo, quando às vezes seria melhor delegar e confiar nos outros.

8. Quando você sente que está fora de alinhamento com seu propósito, o que costuma acontecer?

a) Sinto-me frustrado e impaciente, tentando consertar tudo rapidamente, o que me esgota.

b) Fico desconfortável com a falta de controle e sinto que preciso recuperar o domínio da situação.

c) Fico tentado a tomar todas as decisões, mesmo quando seria mais saudável para os outros se eu recuasse um pouco.

Seção 4: Crescimento e Alinhamento com a Missão de Vida

9. O que você pode fazer para alinhar melhor seu poder e liderança com seu propósito de vida?

a) Aprender a ouvir mais e dar espaço para que os outros expressem suas ideias, sem sentir a necessidade de controlar tudo.

b) Focar liderar com empatia e vulnerabilidade, reconhecendo que não preciso ser forte o tempo todo.

c) Definir limites claros entre o que posso e devo controlar, deixando que outras pessoas compartilhem da responsabilidade.

10. Como você pode usar seus dons naturais de liderança para impactar o mundo de maneira positiva e construtiva?

a) Liderar projetos ou causas que tragam impacto real e significativo, ajudando a criar uma sociedade mais justa e segura.

b) Usar minha força para apoiar comunidades vulneráveis e garantir que tenham o suporte necessário para crescer.

c) Inspirar outras pessoas a assumirem suas próprias responsabilidades, enquanto ofereço apoio e orientação sempre que necessário.

Resultado e Interpretação:

Agora que você respondeu às perguntas, veja a interpretação com base nas suas respostas predominantes:

- **Maioria de respostas "a"**: Sua missão de vida envolve usar seu **poder e capacidade natural de liderança** para criar mudanças positivas e proteger aqueles que precisam. Você tem a habilidade de tomar decisões rápidas e assumir o controle em situações críticas, mas seu desafio é equilibrar isso com a empatia e a flexibilidade. Sua missão pode envolver cargos de liderança nos quais você possa tomar decisões estratégicas e influenciar de forma significativa, mas lembre-se de que ouvir os outros e dar espaço para o crescimento coletivo também faz parte do caminho.

- **Maioria de respostas "b"**: Sua missão de vida envolve **proteger e apoiar aqueles ao seu redor**. Sua energia é dedicada a garantir que as pessoas que você ama ou lidera estejam seguras e cuidadas. Isso pode ser visto em posições de liderança comunitária, defesa de direitos ou em contextos onde você ajuda os mais vulneráveis. Sua missão é grande e nobre, mas lembre-se de que permitir que outros tomem suas próprias decisões e cresçam por conta própria também faz parte do seu propósito.

- **Maioria de respostas "c"**: Sua missão de vida envolve **criar estruturas e sistemas justos**, garantindo estabilidade e segurança para aqueles ao seu redor. Você tem a habilidade de ver o quadro maior e fazer as mudanças necessárias para garantir que tudo funcione de maneira eficiente e justa. Sua missão pode estar em posições de liderança organizacional, onde suas habilidades estratégicas brilham. Seu desafio é aprender a delegar e permitir que outras pessoas compartilhem da responsabilidade, aliviando um pouco da pressão que você coloca em si mesmo.

Reflexão Final

O teste para o **Tipo 8 - O Poderoso** ajuda a identificar como você pode alinhar sua força natural de liderança e poder com sua missão de vida, de uma forma que seja construtiva e equilibrada. A chave para o crescimento espiritual e pessoal do Tipo 8 está em **aprender a equilibrar poder com empatia**, controle com confiança nos outros, e liderança com a capacidade de delegar. Quando essas habilidades estão alinhadas, você pode manifestar plenamente seu propósito de proteger, influenciar e transformar o mundo ao seu redor.

TESTE PARA O TIPO 9 - O MEDIADOR: DESCOBRINDO SUA MISSÃO DE VIDA

Instruções: Responda às perguntas a seguir de forma sincera. Escolha a opção que melhor reflete seus sentimentos e comportamentos na maioria das situações. Esse teste vai ajudar você a descobrir como canalizar suas qualidades de paz e harmonia para manifestar sua missão de vida de forma equilibrada e proativa.

Seção 1: Sua Visão de Harmonia e Conflito

1. Como você se sente em situações de conflito?

   a) Eu me sinto desconfortável e prefiro evitar a situação ou acalmar as coisas.

   b) Tento entender todos os lados da situação, mas raramente me envolvo diretamente.

c) Eu tento buscar um meio-termo, mas às vezes ignoro minhas próprias necessidades para evitar confrontos.

2. Quando você precisa tomar uma decisão importante:

a) Fico ansioso e indeciso, pois não quero causar desconforto a ninguém.

b) Tento ver como minha decisão pode afetar os outros e procuro manter todos satisfeitos.

c) Costumo adiar a decisão até que eu tenha certeza de que não haverá conflitos.

3. O que você acredita ser seu papel no mundo?

a) Promover paz e harmonia, ajudando as pessoas a se entenderem e evitarem conflitos.

b) Ser um mediador que ajuda os outros a encontrar equilíbrio e consenso.

c) Garantir que o ambiente ao meu redor seja pacífico e que todos se sintam confortáveis.

Seção 2: Motivações e Propósito

4. O que mais o motiva quando está envolvido em uma situação ou projeto?

a) A sensação de que estou ajudando as pessoas a se sentirem bem e a evitar problemas.

b) Saber que estou promovendo harmonia e mantendo o ambiente pacífico.

c) O fato de que minha calma e tranquilidade ajudam os outros a manterem o equilíbrio.

5. O que você considera uma missão de vida satisfatória?

a) Uma missão na qual posso criar ambientes harmoniosos e evitar conflitos a todo custo.

b) Um caminho onde posso mediar situações difíceis, ajudando os outros a encontrar o equilíbrio.

c) Uma jornada que me permita promover a paz, mas também ajudar os outros a se expressarem sem medo.

6. Em quais áreas você sente que está mais alinhado com sua missão de vida atualmente?

a) Ao evitar conflitos e garantir que as pessoas ao meu redor se sintam bem e em paz.

b) Ao ajudar a resolver conflitos de forma calma e equilibrada, promovendo harmonia.

c) Ao estar presente para os outros, oferecendo um espaço seguro para eles se expressarem.

Seção 3: Desafios e Oportunidades

7. Qual é o maior desafio que você enfrenta em relação à sua missão de vida?

a) Evitar ao máximo os conflitos, mesmo que isso signifique suprimir meus próprios desejos.

b) Encontrar o equilíbrio entre manter a paz e afirmar minhas próprias necessidades e opiniões.

c) Agir com mais iniciativa e não deixar que o medo do conflito me impeça de seguir em frente.

8. Quando você sente que está fora de alinhamento com seu propósito, o que costuma acontecer?

a) Fico letárgico e evito tomar decisões, esperando que os problemas se resolvam sozinhos.

b) Sinto-me desconfortável por não me posicionar, mas ao mesmo tempo não quero causar conflitos.

c) Me afasto emocionalmente e deixo os outros tomarem as decisões, o que pode me frustrar.

Seção 4: Crescimento e Alinhamento com a Missão de Vida

9. O que você pode fazer para alinhar melhor seu desejo de paz com sua missão de vida?

a) Trabalhar em expressar minhas opiniões de forma clara, mesmo em situações difíceis.

b) Praticar a assertividade e entender que o confronto saudável pode levar ao crescimento.

c) Definir limites claros para garantir que eu não sacrifique minhas necessidades em prol da paz.

10. Como você pode usar sua habilidade de criar harmonia para impactar o mundo de maneira positiva e construtiva?

a) Criar espaços onde as pessoas se sintam seguras para se expressarem, sem medo de julgamentos.

b) Ajudar os outros a resolver conflitos de maneira calma e equilibrada, promovendo a cooperação.

c) Inspirar as pessoas a encontrar equilíbrio interno, ao mesmo tempo que apoio o crescimento delas.

Resultado e Interpretação:

Agora que você respondeu às perguntas, veja a interpretação com base nas suas respostas predominantes:

- **Maioria de respostas "a"**: Sua missão de vida envolve **criar paz e harmonia** em ambientes desafiadores, ajudando as pessoas a se sentirem seguras e confortáveis. Você tem um talento natural para acalmar situações, mas deve cuidar para não sacrificar seus próprios desejos e opiniões em nome de evitar conflitos. Sua missão pode envolver trabalhos onde sua habilidade de mediar, confortar e criar paz seja essencial, como em áreas de bem-estar, terapias, ou mediação de conflitos. Aprender a expressar suas próprias necessidades será um passo importante no seu crescimento.

- **Maioria de respostas "b"**: Sua missão de vida está ligada à sua capacidade de **mediar e promover harmonia**, ajudando as pessoas a encontrar um terreno comum em situações desafiadoras. Sua habilidade de ver todos os lados de uma questão faz de você um ótimo mediador e negociador. No entanto, seu desafio é equilibrar essa busca por paz com a assertividade necessária para garantir que suas próprias opiniões e necessidades sejam ouvidas. Você pode ser bem-sucedido em áreas de mediação, resolução de conflitos ou funções que exijam cooperação e diplomacia.

- **Maioria de respostas "c"**: Sua missão de vida envolve **criar um espaço seguro e harmonioso** para os outros, enquanto também cultiva sua própria capacidade de liderança. Embora você seja naturalmente pacífico, há uma necessidade de expressar sua voz e agir com mais iniciativa, mesmo que isso signifique enfrentar alguns desconfortos. Sua missão pode estar relacionada à facilitação de grupos ou projetos que promovam harmonia, mas onde sua liderança e voz também sejam valorizadas. Aprender a agir com confiança e firmeza em sua missão será fundamental para seu crescimento pessoal.

Reflexão Final

O teste para o **Tipo 9 - O Mediador** ajuda a identificar como você pode usar sua natureza pacífica e harmoniosa para alinhar-se com sua missão de vida, sem deixar de lado suas necessidades e opiniões. O crescimento do Tipo 9 envolve aprender a ser assertivo sem perder a harmonia, e a tomar a iniciativa sem sacrificar o equilíbrio. Quando você encontra essa combinação de paz interna e ação proativa, é capaz de manifestar seu propósito de vida de forma plena, ajudando os outros a se sentirem ouvidos e criando ambientes de verdadeira cooperação.

TESTE PARA O TIPO 1 - O PERFECCIONISTA: DESCOBRINDO SUA MISSÃO DE VIDA

Instruções: Responda às perguntas a seguir com sinceridade. Escolha a opção que melhor reflete seus sentimentos e comportamentos. Este teste vai ajudar você a entender como suas características de perfeccionismo, ética e busca pela justiça podem se alinhar com a sua missão de vida de maneira construtiva e equilibrada.

Seção 1: Sua Visão de Perfeição e Justiça

1. Quando você percebe algo fora de ordem ou imperfeito:

   a) Eu sinto uma necessidade imediata de corrigir a situação para que tudo esteja em harmonia.

   b) Tento organizar e melhorar o que está errado, mas também me sinto frustrado com a imperfeição.

   c) Eu fico incomodado, mas tento me lembrar de que nem tudo precisa ser perfeito o tempo todo.

2. O que você sente ao ver uma injustiça ou algo sendo feito de forma errada?

   a) Eu fico indignado e sinto que preciso agir para corrigir o erro.

   b) Tento resolver a situação de forma justa, mas posso me sentir frustrado com a ineficácia das pessoas.

   c) Fico chateado, mas às vezes tenho dificuldade em aceitar que não posso corrigir tudo.

3. O que você acredita ser seu papel no mundo?

   a) Garantir que as coisas sejam feitas da maneira correta e justa, promovendo ordem e integridade.

   b) Ajudar os outros a melhorar suas próprias práticas, mostrando o valor da ética e da justiça.

   c) Fazer a diferença através de ações que promovam justiça e melhoria, mesmo sabendo que nem tudo será perfeito.

Seção 2: Motivações e Propósito

4. O que mais o motiva quando está envolvido em um projeto ou causa?

a) A sensação de que estou corrigindo e aperfeiçoando algo que precisa de ordem.

b) A oportunidade de garantir que as coisas sejam feitas de forma justa e ética.

c) A ideia de que posso deixar uma marca positiva ao promover melhoria e justiça.

5. O que você considera uma missão de vida satisfatória?

a) Uma missão na qual posso trabalhar para corrigir o que está errado e fazer o certo prevalecer.

b) Um caminho onde posso ajudar a construir sistemas e estruturas mais justas e eficientes.

c) Uma jornada que me permita promover justiça e aperfeiçoamento, sem me prender demais ao perfeccionismo.

6. Em quais áreas você sente que está mais alinhado com sua missão de vida atualmente?

a) Ao garantir que as coisas estejam corretas e bem feitas em tudo o que faço.

b) Ao contribuir para a criação de sistemas justos, onde o que é certo sempre prevalece.

c) Ao equilibrar a busca pela melhoria com a aceitação de que nem tudo precisa ser perfeito.

Seção 3: Desafios e Oportunidades

7. Qual é o maior desafio que você enfrenta em relação à sua missão de vida?

a) A dificuldade de aceitar a imperfeição, o que me deixa constantemente insatisfeito.

b) Manter o equilíbrio entre ser justo e não me tornar rígido ou crítico demais.

c) Aceitar que algumas coisas estão fora do meu controle e que nem tudo pode ser perfeito.

8. Quando você sente que está fora de alinhamento com seu propósito, o que costuma acontecer?

a) Fico extremamente frustrado e crítico comigo e com os outros, tentando corrigir o que está errado.

b) Sinto uma necessidade constante de organizar ou melhorar as coisas, o que me deixa ansioso.

c) Fico desmotivado ao perceber que a perfeição é impossível de alcançar, e isso me frustra.

Seção 4: Crescimento e Alinhamento com a Missão de Vida

9. O que você pode fazer para alinhar melhor sua busca por perfeição e justiça com sua missão de vida?

a) Aprender a aceitar que a imperfeição faz parte do processo de crescimento, tanto meu quanto dos outros.

b) Trabalhar em ser mais flexível e compassivo comigo mesmo e com os outros, evitando o excesso de críticas.

c) Focar mais no progresso do que na perfeição, valorizando as pequenas melhorias ao longo do caminho.

10. Como você pode usar sua ética e senso de justiça para impactar o mundo de maneira positiva e construtiva?

a) Liderando com integridade, garantindo que os projetos ou causas que eu apoiar sejam realizados de forma justa e correta.

b) Apoiando os outros a seguirem princípios éticos, enquanto aceito que o progresso é mais importante que a perfeição.

c) Inspirando pessoas a melhorar suas práticas, mas também ensinando a importância de aceitar as falhas e aprender com elas.

Resultado e Interpretação:

Agora que você respondeu às perguntas, veja a interpretação com base nas suas respostas predominantes:

- **Maioria de respostas "a"**: Sua missão de vida está fortemente ligada à sua **busca por justiça, correção e perfeição**. Você tem um talento natural para identificar o que está errado e trabalhar para melhorar as situações. No entanto, seu desafio está em aceitar que a perfeição absoluta não é alcançável. Sua missão pode envolver cargos onde sua capacidade de melhorar sistemas, processos e estruturas seja valorizada, mas o crescimento verdadeiro virá ao aprender a ser mais compassivo consigo mesmo e com os outros, aceitando que o progresso é tão importante quanto a perfeição.

- **Maioria de respostas "b"**: Sua missão de vida está focada em **promover justiça e integridade** nos ambientes em que você atua, ajudando os outros a encontrarem maneiras de melhorar e corrigir suas ações. Sua habilidade de guiar os outros para o caminho correto é uma das suas forças. No entanto, seu desafio será evitar a rigidez e críticas excessivas, tanto com os outros quanto consigo mesmo. Aprender a ser mais flexível e a valorizar as pequenas vitórias pode ajudá-lo a viver sua missão de forma mais equilibrada e produtiva.

- **Maioria de respostas "c"**: Sua missão de vida envolve **equilibrar a busca pela melhoria com a aceitação das limitações humanas**. Você deseja impactar o mundo de maneira positiva, mas reconhece que a perfeição absoluta não é possível. Isso o torna uma pessoa capaz de inspirar os outros a melhorar, sem se prender à rigidez ou frustração. Sua missão pode ser bem-sucedida em áreas onde é necessário promover progresso, mas com uma abordagem mais compassiva e tolerante em relação às imperfeições que surgem no caminho.

Reflexão Final

O teste para o **Tipo 1 - O Perfeccionista** ajuda a identificar como você pode alinhar seu forte senso de justiça, integridade e busca por melhorias com sua missão de vida. O maior crescimento do Tipo 1 vem de aprender a aceitar a imperfeição e ser mais flexível consigo mesmo e com os outros. Ao equilibrar a ética e a busca por fazer o certo com a aceitação do progresso imperfeito, você poderá viver sua missão de maneira mais plena e realizada. Isso não só permite que você traga mudanças significativas para o mundo, mas também promove uma vida mais harmoniosa e menos estressante para si.

TESTE PARA O TIPO 2 - O AJUDANTE: DESCOBRINDO SUA MISSÃO DE VIDA

Instruções: Responda às perguntas abaixo com sinceridade. Escolha a opção que melhor reflete seus sentimentos e comportamentos. Esse teste vai ajudar você a descobrir como suas habilidades naturais de ajuda e cuidado podem se alinhar com sua missão de vida de maneira equilibrada e saudável, sem negligenciar suas próprias necessidades.

Seção 1: Sua Visão de Ajuda e Apoio

1. Como você se sente quando está ajudando outras pessoas?

a) Eu me sinto realizado e energizado, especialmente quando vejo que minhas ações fazem uma diferença positiva.

b) Fico feliz em ajudar, mas às vezes sinto que estou me sacrificando demais sem receber reconhecimento.

c) Sinto que ajudar é minha missão de vida, mas às vezes me esgoto por dar mais do que deveria.

2. Quando você percebe que alguém precisa de ajuda:

a) Eu imediatamente me ofereço para ajudar, muitas vezes sem pensar nas minhas próprias necessidades.

b) Eu sinto uma necessidade quase automática de resolver os problemas dos outros, mas depois percebo que me sobrecarreguei.

c) Tento ajudar, mas recentemente comecei a pensar mais em cuidar de mim antes de me comprometer totalmente.

3. O que você acredita ser seu papel no mundo?

a) Ser uma pessoa que apoia, cuida e oferece suporte emocional e prático para os outros.

b) Ajudar aqueles que precisam e garantir que se sintam amados e apoiados.

c) Ser um catalisador de transformação na vida dos outros, mas sem me sacrificar completamente no processo.

Seção 2: Motivações e Propósito

4. O que mais o motiva quando está ajudando outras pessoas?

a) O desejo de ser necessário e amado pelos outros por minha capacidade de apoio.

b) A satisfação de saber que fiz a diferença na vida de alguém.

c) A sensação de conexão emocional que surge quando cuido dos outros e vejo seu crescimento.

5. O que você considera uma missão de vida satisfatória?

a) Uma missão em que eu possa ajudar e cuidar das pessoas, sendo um pilar de apoio para aqueles ao meu redor.

b) Um caminho onde eu possa servir os outros, mas também aprender a equilibrar minhas próprias necessidades.

c) Uma jornada onde eu possa guiar os outros a encontrar suas próprias forças, sem me sacrificar para atender suas demandas.

6. Em quais áreas você sente que está mais alinhado com sua missão de vida atualmente?

a) Ao estar disponível para as pessoas e garantir que elas saibam que podem contar comigo em momentos de necessidade.

b) Ao apoiar emocionalmente os outros, mas também começar a cuidar de mim no processo.

c) Ao perceber que posso ajudar as pessoas, mas não sou o único responsável pelo bem-estar delas.

Seção 3: Desafios e Oportunidades

7. Qual é o maior desafio que você enfrenta em relação à sua missão de vida?

a) A dificuldade de colocar limites e dizer "não" quando preciso cuidar de mim.

b) A tendência de buscar validação externa, muitas vezes esperando que as pessoas reconheçam meus esforços.

c) Encontrar um equilíbrio entre ajudar os outros e respeitar minhas próprias necessidades emocionais e físicas.

8. Quando você sente que está fora de alinhamento com seu propósito, o que costuma acontecer?

a) Eu me sinto esgotado e emocionalmente drenado, pois dei muito de mim sem receber nada em troca.

b) Fico frustrado porque as pessoas não reconhecem todo o esforço que faço para ajudá-las.

c) Me sinto sobrecarregado, mas percebo que eu mesmo permiti que isso acontecesse ao não definir limites.

Seção 4: Crescimento e Alinhamento com a Missão de Vida

9. O que você pode fazer para alinhar melhor sua missão de vida com o cuidado de si mesmo?

a) Aprender a estabelecer limites claros e não me sentir culpado ao dizer "não" quando necessário.

b) Focar em equilibrar o desejo de ajudar com a responsabilidade de cuidar de minhas próprias necessidades emocionais.

c) Praticar a autocompaixão, entendendo que cuidar de mim mesmo é parte fundamental do meu propósito.

10. Como você pode usar sua habilidade de apoiar os outros para impactar o mundo de maneira equilibrada e construtiva?

a) Ajudando de forma consciente e equilibrada, sem me sacrificar ou negligenciar minhas próprias necessidades.

b) Usando minha capacidade de empatia para inspirar os outros, ao mesmo tempo que cuido do meu próprio bem-estar.

c) Continuar a apoiar os outros, mas de uma maneira que me permita crescer junto com eles, sem carregar o peso de suas vidas.

Resultado e Interpretação:

Agora que você respondeu às perguntas, veja a interpretação com base nas suas respostas predominantes:

- **Maioria de respostas "a"**: Sua missão de vida está ligada à sua capacidade de **ajudar e cuidar dos outros** de forma dedicada e altruísta. Você se sente realizado ao estar presente para as pessoas, mas o desafio está em aprender a dizer "não" e entender que você também tem necessidades. Sua missão pode envolver papéis em **áreas de serviço, cura ou apoio**, como psicologia, assistência social, voluntariado ou áreas de saúde. O crescimento virá ao estabelecer limites saudáveis e aprender que ajudar não significa se sacrificar completamente.

- **Maioria de respostas "b"**: Sua missão de vida envolve **ajudar os outros**, mas você está começando a entender que precisa equilibrar esse desejo com o cuidado de si mesmo. Você pode servir como um **guia emocional e prático** para aqueles que precisam de apoio, porém deve trabalhar para não buscar validação externa através da sua ajuda. Seu desafio será continuar a oferecer ajuda, mas sem perder de vista suas próprias necessidades emocionais e físicas. O caminho ideal envolve carreiras ou papéis de liderança emocional, onde você possa apoiar os outros sem se sobrecarregar.

- **Maioria de respostas "c"**: Sua missão de vida está ligada ao seu desejo de **apoiar os outros**, mas você já está em um processo de crescimento, percebendo que também deve cuidar de si mesmo. Seu foco está em **inspirar** as pessoas, permitindo que elas encontrem suas próprias forças, ao mesmo tempo que você encontra equilíbrio em sua vida pessoal. Esse entendimento faz com que você possa ajudar os outros de maneira mais eficaz e sem esgotar seus recursos internos. Sua missão pode envolver áreas de **orientação, mentoria ou aconselhamento**, onde você ajuda sem assumir total responsabilidade pelos outros.

Reflexão Final

O teste para o **Tipo 2 - O Ajudante** ajuda a identificar como você pode usar sua natureza empática e generosa para manifestar sua missão de vida de forma equilibrada. O crescimento do Tipo 2 vem de aprender a equilibrar o desejo de ajudar os outros com o cuidado de si mesmo, definindo limites claros e reconhecendo que você também merece o mesmo apoio e amor que oferece aos outros. Ao encontrar esse equilíbrio, você poderá viver sua missão de maneira plena, saudável e impactante, sem perder sua própria energia e bem-estar no processo.

TESTE PARA O TIPO 3 - O VENCEDOR: DESCOBRINDO SUA MISSÃO DE VIDA

Instruções: Responda às perguntas a seguir com sinceridade. Escolha a opção que melhor reflete seus sentimentos e comportamentos. Esse teste vai ajudar você a descobrir como seu impulso por sucesso, eficiência e reconhecimento pode ser alinhado com uma missão de vida mais profunda e autêntica, trazendo realização e propósito.

Seção 1: Sua Visão de Sucesso e Realização

1. Quando você alcança uma meta importante:

   a) Eu sinto uma grande satisfação e já começo a planejar minha próxima meta.

b) Eu me sinto bem por um tempo, mas logo começo a pensar se realmente foi significativo.

c) Fico feliz, mas também me pergunto se estou buscando sucesso pelas razões certas.

2. O que mais te motiva a continuar buscando seus objetivos?

a) O desejo de ser reconhecido e admirado pelas minhas conquistas.

b) A sensação de estar progredindo e atingindo novas metas de sucesso.

c) A esperança de que, ao alcançar meus objetivos, eu encontre um significado mais profundo.

3. O que você acredita ser seu papel no mundo?

a) Ser uma pessoa de sucesso que inspira os outros a perseguirem suas próprias metas.

b) Alcançar grandes realizações e provar para mim e para os outros que sou capaz.

c) Usar minhas habilidades e conquistas para fazer uma diferença positiva e autêntica no mundo.

Seção 2: Motivações e Propósito

4. O que mais o motiva ao trabalhar em um projeto ou meta?

a) A expectativa de ser reconhecido pelo meu esforço e por ter feito um bom trabalho.

b) A sensação de estar crescendo profissionalmente e pessoalmente.

c) A ideia de que estou criando algo que terá um impacto positivo e duradouro, não só para mim, mas para os outros.

5. O que você considera uma missão de vida satisfatória?

a) Uma missão onde eu possa ser bem-sucedido, ser admirado e alcançar resultados extraordinários.

b) Um caminho onde eu possa crescer continuamente e mostrar ao mundo o que sou capaz de alcançar.

c) Uma jornada em que posso equilibrar sucesso externo com autenticidade, garantindo que o que eu faça tenha um impacto real e significativo.

6. Em quais áreas você sente que está mais alinhado com sua missão de vida atualmente?

a) Ao alcançar metas importantes e ser reconhecido por minhas conquistas.

b) Ao progredir na minha carreira e obter reconhecimento pelo meu desempenho.

c) Ao perceber que meu sucesso está tendo um impacto positivo no mundo e ajudando outras pessoas.

Seção 3: Desafios e Oportunidades

7. Qual é o maior desafio que você enfrenta em relação à sua missão de vida?

a) A dificuldade em desacelerar e refletir sobre o que realmente me traz realização, além do sucesso externo.

b) A tendência de me preocupar demais com o que os outros pensam de mim e buscar validação externa.

c) Encontrar um equilíbrio entre alcançar minhas metas e manter a autenticidade, sem perder o foco no que realmente importa.

8. Quando você sente que está fora de alinhamento com seu propósito, o que costuma acontecer?

a) Fico ansioso ou insatisfeito, sentindo que não estou sendo reconhecido como deveria.

b) Sinto a necessidade de trabalhar ainda mais para provar meu valor, mas me questiono sobre a importância real disso.

c) Começo a questionar se minhas metas são realmente minhas ou se estou apenas seguindo um padrão de sucesso imposto pela sociedade.

Seção 4: Crescimento e Alinhamento com a Missão de Vida

9. O que você pode fazer para alinhar melhor sua busca por sucesso com sua missão de vida?

a) Parar e refletir sobre o que realmente importa para mim além do reconhecimento externo, conectando-me com meu propósito mais profundo.

b) Praticar a autocompaixão, aceitando que meu valor não depende apenas das minhas realizações ou da validação dos outros.

c) Focar ser mais autêntico em meus objetivos, escolhendo metas que me trazem satisfação pessoal, não apenas reconhecimento.

10. Como você pode usar sua habilidade de alcançar metas para impactar o mundo de maneira positiva e construtiva?

a) Canalizar meu desejo de sucesso para projetos que beneficiem os outros, além de mim.

b) Inspirar outras pessoas a buscarem seu sucesso de forma equilibrada, mostrando que é possível ter conquistas sem sacrificar a autenticidade.

c) Liderar com propósito, buscando metas que não apenas me beneficiem, mas que também tenham um impacto significativo no mundo.

Resultado e Interpretação:

Agora que você respondeu às perguntas, veja a interpretação com base nas suas respostas predominantes:

• **Maioria de respostas "a"**: Sua missão de vida está fortemente ligada ao **sucesso e reconhecimento**, mas você pode estar se perdendo na busca por aprovação externa. Seu desafio é desacelerar e refletir sobre o que realmente traz satisfação e propósito para sua vida, além das realizações externas. Sua missão pode envolver papéis de liderança, em que você pode mostrar sua capacidade de alcançar grandes coisas, mas o crescimento verdadeiro virá ao aprender a equilibrar sucesso com autenticidade, entendendo que sua identidade não depende apenas de suas conquistas.

• **Maioria de respostas "b"**: Sua missão de vida envolve **crescimento contínuo** e a busca por reconhecimento, mas você já começa a perceber a importância de manter a autenticidade nesse processo. Você deseja ser admirado pelo que faz, mas também começa a questionar o significado real por trás de suas conquistas. Seu desafio será equilibrar essa busca por sucesso com a necessidade de se conectar a um propósito mais profundo, que traga satisfação verdadeira, não apenas validação externa.

• **Maioria de respostas "c"**: Sua missão de vida está relacionada a **alcançar sucesso de forma autêntica**, focando em metas que tenham um impacto positivo tanto para você quanto para os outros. Você entende que o sucesso não é apenas sobre reconhecimento externo, mas sobre viver de forma alinhada com seus valores e autenticidade. Sua missão pode envolver carreiras ou projetos em que você possa combinar seu desejo de realização com o propósito de ajudar ou inspirar outras pessoas. O crescimento virá ao continuar priorizando o impacto significativo sobre o simples reconhecimento.

Reflexão Final

O teste para o **Tipo 3 - O Vencedor** ajuda a identificar como você pode alinhar sua capacidade de alcançar metas e buscar sucesso com uma missão de vida mais autêntica. O maior desafio para o Tipo 3 é aprender a equilibrar a busca por reconhecimento externo com a necessidade de viver de forma verdadeira e significativa. Ao focar no impacto positivo e no alinhamento com seus valores pessoais, o Tipo 3 pode viver sua missão de forma mais plena, encontrando satisfação não só nas conquistas, como também no propósito real que elas trazem.

TESTE PARA O TIPO 4 - O INTENSO: DESCOBRINDO SUA MISSÃO DE VIDA

Instruções: Responda às perguntas a seguir com sinceridade. Escolha a opção que melhor reflete seus sentimentos e comportamentos. Este teste vai ajudar você a descobrir como sua profundidade emocional, sua busca por autenticidade e sua criatividade podem se alinhar com uma missão de vida mais significativa e equilibrada.

Seção 1: Sua Busca por Autenticidade e Significado

1. Quando você se sente emocionalmente envolvido em algo:

   a) Eu mergulho profundamente na situação e busco entender minhas emoções completamente.

   b) Tento expressar o que sinto de maneira criativa, como através da arte ou da escrita.

   c) Eu sinto uma necessidade de compartilhar essas emoções com alguém que possa entendê-las e valorizá-las.

2. O que o faz sentir mais conectado com sua vida e suas ações?

   a) A sensação de que estou vivendo de maneira autêntica e sendo fiel a quem realmente sou.

   b) Ser capaz de expressar minhas emoções e experiências de uma maneira que seja única e significativa.

   c) Quando as pessoas ao meu redor reconhecem e apreciam a profundidade e a complexidade do que eu sinto e faço.

3. O que você acredita ser seu papel no mundo?

   a) Expressar minha autenticidade e trazer beleza e profundidade emocional para o que faço.

   b) Inspirar os outros a abraçarem sua própria singularidade e viverem de maneira autêntica.

   c) Usar minha sensibilidade e criatividade para transformar minhas experiências em algo significativo e inspirador para os outros.

Seção 2: Motivações e Propósito

4. O que mais o motiva quando você está envolvido em um projeto ou causa?

a) A possibilidade de expressar algo profundo e significativo, que ressoe com minhas emoções e experiências.

b) A oportunidade de criar algo único que represente quem eu sou e o que eu sinto.

c) A chance de compartilhar minha visão e minha história com os outros, na esperança de que eles se conectem emocionalmente com ela.

5. O que você considera uma missão de vida satisfatória?

a) Uma missão onde eu possa expressar minha criatividade e emoções de maneira autêntica, criando algo belo e impactante.

b) Um caminho no qual eu possa transformar minhas experiências emocionais em algo que inspire e ajude os outros.

c) Uma jornada onde eu me sinta completamente alinhado com quem eu sou, e onde minha sensibilidade emocional seja valorizada.

6. Em quais áreas você sente que está mais alinhado com sua missão de vida atualmente?

a) Ao criar e expressar minha autenticidade de maneira profunda, seja através da arte, da escrita ou de projetos criativos.

b) Ao compartilhar minhas emoções e experiências de uma maneira que inspire os outros a fazerem o mesmo.

c) Ao encontrar maneiras de transformar minha dor ou desafios emocionais em algo significativo e positivo.

Seção 3: Desafios e Oportunidades

7. Qual é o maior desafio que você enfrenta em relação à sua missão de vida?

a) Lidar com a sensação de que nunca sou completamente compreendido, o que me faz sentir isolado ou incompreendido.

b) Encontrar equilíbrio entre viver minhas emoções intensamente e seguir em frente de forma prática e funcional.

c) Evitar cair na autossabotagem ou na melancolia quando sinto que minhas expressões não são valorizadas como eu gostaria.

8. Quando você sente que está fora de alinhamento com seu propósito, o que costuma acontecer?

a) Eu me sinto desconectado de mim mesmo e da minha autenticidade, o que me leva a sentimentos de vazio ou melancolia.

b) Fico frustrado porque não consigo expressar minhas emoções de uma forma que faça sentido ou que os outros compreendam.

c) Afasto-me emocionalmente dos outros e me isolo, tentando encontrar maneiras de processar o que sinto sem depender de validação externa.

Seção 4: Crescimento e Alinhamento com a Missão de Vida

9. O que você pode fazer para alinhar melhor sua busca por autenticidade e profundidade com sua missão de vida?

a) Encontrar formas construtivas de expressar minhas emoções sem me perder em sentimentos negativos ou melancólicos.

b) Aceitar que nem todos compreenderão minhas emoções da mesma forma que eu, e que isso não invalida minha experiência.

c) Focar em criar a partir de um lugar de autenticidade, mas também lembrar de viver o presente sem me prender tanto ao passado.

10. Como você pode usar sua sensibilidade e criatividade para impactar o mundo de maneira positiva e construtiva?

a) Canalizar minhas experiências e emoções em projetos criativos que inspirem e ajudem outras pessoas a se conectarem com suas próprias emoções.

b) Usar minha vulnerabilidade e sensibilidade emocional para ajudar os outros a abraçarem sua autenticidade, mostrando que suas emoções também são valiosas.

c) Transformar minhas dores e desafios emocionais em algo que traga beleza, esperança e significado, tanto para mim quanto para os outros.

Resultado e Interpretação:

Agora que você respondeu às perguntas, veja a interpretação com base nas suas respostas predominantes:

- **Maioria de respostas "a"**: Sua missão de vida envolve **expressar suas emoções e autenticidade** de maneira profunda e criativa, trazendo beleza e significado ao mundo ao seu redor. No entanto, seu maior desafio pode ser evitar a autossabotagem emocional e aprender a aceitar que nem todos compreendem sua profundidade da mesma forma que você. Sua missão pode envolver áreas como **arte, escrita, música ou qualquer forma de expressão criativa**, nas quais você pode transformar suas experiências emocionais em algo belo e impactante.

- **Maioria de respostas "b"**: Sua missão de vida está relacionada a **usar sua sensibilidade e autenticidade para inspirar os outros**. Você tem um talento natural para expressar emoções e criar conexões profundas com aqueles ao seu redor. Seu desafio é equilibrar sua intensidade emocional com a aceitação de que nem todos terão a mesma profundidade ou compreensão. Você pode seguir uma missão que envolva **mentoria, aconselhamento emocional ou arte**, onde suas experiências pessoais inspirem os outros a abraçarem suas próprias emoções e autenticidade.

- **Maioria de respostas "c"**: Sua missão de vida está focada em **transformar suas dores e desafios emocionais em algo significativo**, tanto para você quanto para os outros. Você entende que suas emoções são uma fonte de criatividade e força, e seu propósito envolve compartilhar isso de maneira que ajude os outros a encontrarem sentido em suas próprias jornadas. Sua missão pode estar em áreas de **curadoria de arte, *storytelling*, psicologia ou qualquer forma de expressão que permita transformar experiências em algo positivo**.

Reflexão Final

O teste para o **Tipo 4 - O Intenso** ajuda a identificar como você pode usar sua profundidade emocional, criatividade e autenticidade para manifestar sua missão de vida. O crescimento do Tipo 4 envolve aprender a equilibrar a intensidade emocional com a aceitação de que nem todos compreenderão suas experiências da mesma forma que você. Ao encontrar formas construtivas de expressar suas emoções e criar significado a partir de suas dores e alegrias, você pode viver sua missão de forma plena e impactante, tanto para si quanto para o mundo.

TESTE PARA O TIPO 5 - O ANALÍTICO: DESCOBRINDO SUA MISSÃO DE VIDA

Instruções: Responda às perguntas abaixo com sinceridade. Escolha a opção que melhor reflete seus sentimentos e comportamentos. Este teste vai ajudar você a descobrir como sua busca por conhecimento, sua necessidade de autonomia e sua capacidade de análise podem se alinhar com uma missão de vida significativa, onde você aplica seu intelecto de forma construtiva e conectada com os outros.

Seção 1: Sua Busca por Conhecimento e Autonomia

1. Como você se sente ao adquirir novos conhecimentos?

   a) Eu me sinto energizado e mais seguro quando aprofundo meu entendimento sobre um tema.

   b) Eu prefiro estudar sozinho e de maneira independente, sem interferência dos outros.

   c) Sinto satisfação em saber mais, mas às vezes fico preso em coletar mais informações em vez de aplicá-las.

2. Quando você está trabalhando em algo que envolve muito estudo ou pesquisa:

   a) Eu gosto de mergulhar no tema, explorando todos os detalhes antes de compartilhar com os outros.

b) Prefiro manter o conhecimento para mim até sentir que estou completamente preparado para dividi-lo.

c) Sinto que preciso de mais tempo e preparo para ter certeza de que estou totalmente pronto antes de apresentar o que aprendi.

3. O que você acredita ser seu papel no mundo?

a) Explorar e descobrir novas ideias e conhecimentos que possam beneficiar a mim e aos outros.

b) Entender profundamente o mundo ao meu redor e compartilhar esse entendimento quando eu sentir que é o momento certo.

c) Usar minha capacidade analítica para resolver problemas complexos e oferecer soluções inovadoras.

Seção 2: Motivações e Propósito

4. O que mais o motiva quando está envolvido em um projeto ou estudo?

a) O desejo de dominar o tema e adquirir um conhecimento profundo, tornando-me uma referência no assunto.

b) A busca por respostas para questões complexas, que me permitam entender algo de maneira mais profunda que os outros.

c) A ideia de que meu conhecimento pode ter uma aplicação prática que ajude a resolver problemas reais e importantes.

5. O que você considera uma missão de vida satisfatória?

a) Uma missão na qual eu possa usar meu intelecto para descobrir algo novo ou aprimorar o conhecimento em uma área específica.

b) Um caminho onde eu possa explorar questões complexas e compartilhar o que aprendi de forma controlada e estratégica.

c) Uma jornada em que eu possa aplicar meu conhecimento para fazer uma diferença real no mundo, contribuindo com soluções práticas.

6. Em quais áreas você sente que está mais alinhado com sua missão de vida atualmente?

a) Ao buscar conhecimento de maneira profunda e dedicada, explorando temas complexos.

b) Ao trabalhar de forma independente em projetos de pesquisa ou análise, onde tenho total controle do processo.

c) Ao compartilhar o que aprendi com os outros, ajudando a resolver problemas ou melhorar sistemas com base no meu conhecimento.

Seção 3: Desafios e Oportunidades

7. Qual é o maior desafio que você enfrenta em relação à sua missão de vida?

a) Dificuldade em sair da fase de estudo e pesquisa para aplicar o que aprendi de maneira prática.

b) A tendência de me isolar demais e evitar pedir ajuda ou colaborar com os outros.

c) Encontrar o equilíbrio entre adquirir mais conhecimento e saber o momento certo de compartilhar ou aplicar o que sei.

8. Quando você sente que está fora de alinhamento com seu propósito, o que costuma acontecer?

a) Eu me sinto sobrecarregado com a quantidade de informações que ainda preciso aprender, o que me impede de agir.

b) Fico isolado e desconectado dos outros, preferindo ficar em meu mundo intelectual, evitando interações.

c) Sinto-me frustrado por não conseguir aplicar o conhecimento que adquiri, ou por sentir que ele não está sendo valorizado.

Seção 4: Crescimento e Alinhamento com a Missão de Vida

9. O que você pode fazer para alinhar melhor sua busca por conhecimento com sua missão de vida?

a) Aprender a confiar mais em minha capacidade de aplicar o conhecimento, mesmo sem saber tudo perfeitamente.

b) Permitir-me colaborar mais com os outros, aceitando que o trabalho em equipe pode enriquecer minhas ideias.

c) Focar em encontrar oportunidades de colocar o que já sei em prática, sem esperar por uma compreensão total de todos os detalhes.

10. Como você pode usar seu conhecimento e habilidades analíticas para impactar o mundo de maneira positiva e construtiva?

a) Compartilhando o que sei de maneira mais proativa, mesmo que não tenha todas as respostas, para ajudar a resolver problemas atuais.

b) Usando minha capacidade de análise para melhorar processos, resolver problemas complexos e inovar em áreas que precisam de mudanças.

c) Aceitando que meu conhecimento pode ser valioso mesmo que eu ainda não tenha explorado todos os detalhes, e aplicando-o para contribuir com soluções práticas.

Resultado e Interpretação:

Agora que você respondeu às perguntas, veja a interpretação com base nas suas respostas predominantes:

• **Maioria de respostas "a"**: Sua missão de vida envolve **explorar profundamente o conhecimento e usar sua capacidade intelectual** para descobrir novos *insights* e entendimentos. No entanto, seu desafio é aprender a aplicar esse conhecimento de maneira prática, sem se perder na busca incessante por mais informações. Sua missão pode estar em áreas de **pesquisa, ciência, inovação tecnológica ou ensino**, onde seu conhecimento pode ser usado para avançar em questões importantes, mas o crescimento virá ao aprender a aplicar o que já sabe sem esperar a perfeição.

• **Maioria de respostas "b"**: Sua missão de vida está ligada à **exploração intelectual e autonomia**, em que você valoriza a independência e o controle sobre suas ideias. Você tem uma grande capacidade de aprofundar-se em temas complexos, mas seu desafio é se abrir mais para a colaboração e o compartilhamento de conhecimento. Seu crescimento envolve aceitar que o conhecimento compartilhado pode enriquecer o que você já sabe. Suas aptidões podem ser bem aproveitadas em **pesquisas independentes, áreas acadêmicas ou setores que exijam pensamento estratégico**.

• **Maioria de respostas "c"**: Sua missão de vida envolve **aplicar o conhecimento de maneira prática**, usando suas habilidades analíticas para resolver problemas complexos e inovar. Você já entende que o conhecimento deve ser usado para melhorar sistemas e processos, mas pode se sentir frustrado quando não consegue ver seus esforços sendo aplicados de forma eficaz. Seu desafio é confiar mais no valor do que já sabe e agir sem precisar entender todos os detalhes. Suas aptidões podem ser bem aproveitadas em **consultoria, tecnologia, engenharia ou gestão de projetos**.

Reflexão Final

O teste para o **Tipo 5 - O Analítico** ajuda a identificar como você pode alinhar sua busca por conhecimento com uma missão de vida prática e conectada ao mundo. O crescimento do Tipo 5 envolve aprender a equilibrar a necessidade de entender profundamente com a vontade de agir e compartilhar o que já sabe, sem esperar a perfeição. Ao aplicar seu conhecimento de forma prática e colaborativa, você pode viver sua missão de maneira plena, utilizando suas habilidades analíticas para transformar o mundo ao seu redor.

TESTE PARA O TIPO 6 - O PRECAVIDO: DESCOBRINDO SUA MISSÃO DE VIDA

Instruções: Responda às perguntas a seguir com sinceridade. Escolha a opção que melhor reflete seus sentimentos e comportamentos. Este teste vai ajudar você a descobrir como sua capacidade de prever riscos, seu senso de responsabilidade e sua busca por segurança podem se alinhar com uma missão de vida significativa, onde você se sente confiante e preparado.

Seção 1: Sua Busca por Segurança e Confiança

1. Como você lida com situações incertas ou imprevisíveis?

   a) Eu me sinto desconfortável e tento planejar para que todos os possíveis riscos sejam cobertos.

   b) Tento buscar conselhos de pessoas em quem confio, para ter certeza de que estou tomando a decisão correta.

   c) Fico ansioso e me preocupo com o que pode dar errado, mas tento agir mesmo assim.

2. Quando você enfrenta uma decisão importante:

   a) Penso cuidadosamente em todos os possíveis resultados antes de agir.

   b) Prefiro consultar outras pessoas para garantir que não estou esquecendo algo importante.

   c) Eu me preocupo muito com as consequências, mas acabo tomando a decisão depois de ponderar longamente.

3. O que você acredita ser seu papel no mundo?

   a) Garantir que tudo esteja seguro e funcionando corretamente, tanto para mim quanto para os outros.

   b) Ser uma fonte de estabilidade e confiança para aqueles que dependem de mim.

   c) Prever problemas e preparar soluções para garantir a segurança e o bem-estar de todos.

Seção 2: Motivações e Propósito

4. O que mais o motiva quando está envolvido em um projeto ou causa?

   a) A certeza de que estou contribuindo para algo estável e seguro, onde todos se sintam protegidos.

b) A sensação de que, ao me preparar bem, estou prevenindo problemas futuros para mim e para os outros.

c) O desejo de criar um ambiente onde todos se sintam seguros e possam confiar uns nos outros.

5. O que você considera uma missão de vida satisfatória?

a) Uma missão em que eu possa garantir segurança e proteção para mim e para aqueles que confiam em mim.

b) Um caminho onde eu possa ser uma figura de apoio e confiança, guiando as pessoas em tempos difíceis.

c) Uma jornada na qual eu possa prevenir riscos, tomar decisões com segurança e garantir que as pessoas estejam preparadas para enfrentar os desafios.

6. Em quais áreas você sente que está mais alinhado com sua missão de vida atualmente?

a) Ao garantir que tudo esteja planejado e seguro, tanto em minha vida pessoal quanto profissional.

b) Ao fornecer suporte emocional e prático para aqueles que precisam de estabilidade e segurança.

c) Ao ajudar as pessoas a preverem problemas e estarem prontas para lidar com qualquer situação.

Seção 3: Desafios e Oportunidades

7. Qual é o maior desafio que você enfrenta em relação à sua missão de vida?

a) A dificuldade de confiar em mim mesmo ou nos outros quando as coisas não estão completamente sob controle.

b) Sentir-me sobrecarregado por estar sempre tentando prever tudo que pode dar errado.

c) Encontrar o equilíbrio entre proteger os outros e confiar que eles também podem cuidar de si mesmos.

8. Quando você sente que está fora de alinhamento com seu propósito, o que costuma acontecer?

a) Fico ansioso e preocupado, tentando prever todos os cenários possíveis e me preparando para o pior.

b) Sinto uma falta de confiança em mim e nos outros, e tento buscar garantias externas para me sentir seguro.

c) Fico paralisado, com medo de tomar decisões que podem não estar 100% corretas ou seguras.

Seção 4: Crescimento e Alinhamento com a Missão de Vida

9. O que você pode fazer para alinhar melhor sua busca por segurança com sua missão de vida?

a) Praticar confiar mais em mim mesmo e nas minhas decisões, aceitando que o controle total não é possível.

b) Trabalhar em aceitar que nem todos os riscos podem ser previstos e que a vida é, em parte, imprevisível.

c) Permitir que os outros também contribuam com suas soluções, entendendo que a cooperação traz mais segurança.

10. Como você pode usar sua habilidade de prever problemas para impactar o mundo de maneira positiva e construtiva?

a) Usando meu senso de responsabilidade para criar ambientes mais seguros e organizados, ajudando as pessoas a se sentirem protegidas.

b) Oferecendo suporte prático e emocional para que as pessoas saibam que podem contar comigo quando precisarem.

c) Usando minha capacidade de planejamento e precaução para garantir que projetos e iniciativas tenham uma base sólida e bem pensada.

Resultado e Interpretação:

Agora que você respondeu às perguntas, veja a interpretação com base nas suas respostas predominantes:

- **Maioria de respostas "a"**: Sua missão de vida envolve **garantir segurança e proteção** para você e para os outros, usando sua habilidade de planejar e prever riscos. Seu desafio está em aprender a confiar mais em si mesmo e nos outros, aceitando que o controle total não é possível. Sua missão pode estar em áreas como **planejamento de projetos, gerenciamento de riscos, segurança, ou liderança**, onde sua capacidade de antecipar problemas e garantir a segurança é fundamental, mas o crescimento virá ao aprender a relaxar e confiar mais nas incertezas da vida.

- **Maioria de respostas "b"**: Sua missão de vida está ligada à **criação de confiança e estabilidade** para as pessoas ao seu redor. Você tem um talento natural para fornecer suporte emocional e prático em tempos de crise, mas seu desafio é evitar o excesso de preocupação e a busca constante por garantias externas. Sua missão pode envolver papéis de **suporte emocional, liderança em tempos de crise ou gestão de equipes**, onde você pode ser uma âncora de estabilidade, mas o crescimento virá ao confiar mais nas suas próprias capacidades e nos outros.

- **Maioria de respostas "c"**: Sua missão de vida envolve **prever problemas e oferecer soluções seguras**, mas você está percebendo a importância de equilibrar isso com a confiança nos outros. Seu desafio é evitar o excesso de controle e permitir que as pessoas ao seu redor também tomem decisões, compartilhando a responsabilidade. Sua missão pode estar em áreas como **consultoria estratégica, gerenciamento de crises ou desenvolvimento de sistemas de segurança**, onde seu talento para o planejamento é valioso, mas o crescimento virá ao aprender a colaborar mais e confiar nas habilidades dos outros.

Reflexão Final

O teste para o **Tipo 6 - O Precavido** ajuda a identificar como você pode alinhar sua busca por segurança e estabilidade com uma missão de vida que seja significativa e produtiva. O crescimento do Tipo 6 envolve aprender a equilibrar a necessidade de controlar e prever com a confiança em si mesmo e nos outros. Ao permitir-se confiar mais nas incertezas da vida e nas pessoas ao seu redor, você pode viver sua missão de forma mais plena, criando ambientes seguros e ao mesmo tempo abertos à cooperação e ao crescimento.

TESTE PARA O TIPO 7 - O OTIMISTA: DESCOBRINDO SUA MISSÃO DE VIDA

Instruções: Responda às perguntas abaixo com sinceridade. Escolha a opção que melhor reflete seus sentimentos e comportamentos. Este teste vai ajudar você a descobrir como sua energia, criatividade e desejo de explorar novas possibilidades podem se alinhar com uma missão de vida significativa e comprometida, sem perder sua alegria e espontaneidade.

Seção 1: Sua Busca por Liberdade e Experiências

1. Como você se sente quando está começando um novo projeto ou atividade?

a) Eu me sinto empolgado com as possibilidades e quero explorar todas as opções disponíveis.

b) Eu fico animado, mas também percebo que é difícil manter o foco conforme surgem novas ideias.

c) Sinto que a novidade me dá energia, mas às vezes é difícil me comprometer com algo a longo prazo.

2. Quando você se sente preso em uma rotina:

a) Eu faço o possível para mudar as coisas e encontrar novas maneiras de fazer as mesmas tarefas.

b) Eu rapidamente busco uma nova atividade ou distração para evitar a monotonia.

c) Sinto uma forte necessidade de fugir ou fazer algo novo para não me sentir sufocado.

3. O que você acredita ser seu papel no mundo?

a) Trazer alegria, criatividade e novas perspectivas para tudo que faço.

b) Inspirar as pessoas a serem mais leves, aventureiras e abertas às oportunidades da vida.

c) Explorar o mundo ao meu redor e encontrar maneiras de compartilhar a liberdade que encontro com os outros.

Seção 2: Motivações e Propósito

4. O que mais o motiva quando está envolvido em um projeto ou causa?

a) A possibilidade de descobrir novas experiências, mantendo a liberdade de explorar o que me interessa.

b) A sensação de que estou criando algo novo e emocionante, que pode inspirar os outros.

c) O desejo de encontrar novas formas de resolver problemas, sem ficar preso em métodos tradicionais.

5. O que você considera uma missão de vida satisfatória?

a) Uma missão na qual eu possa explorar o mundo, experimentando tudo o que ele tem a oferecer e compartilhando essa alegria com os outros.

b) Um caminho onde eu possa inovar, trazer novas ideias e inspirar as pessoas a serem mais livres e abertas às possibilidades.

c) Uma jornada em que eu tenha liberdade para escolher o que fazer, sem ficar limitado por compromissos ou rotinas rígidas.

6. Em quais áreas você sente que está mais alinhado com sua missão de vida atualmente?

a) Ao explorar novas ideias, projetos e lugares que me mantêm animado e inspirado.

b) Ao compartilhar minha energia e entusiasmo com as pessoas ao meu redor, mostrando novas maneiras de ver o mundo.

c) Ao manter minha liberdade e evitar ser preso a compromissos de longo prazo que possam limitar minhas opções.

Seção 3: Desafios e Oportunidades

7. Qual é o maior desafio que você enfrenta em relação à sua missão de vida?

a) A dificuldade em manter o foco e o compromisso em um projeto ou caminho a longo prazo.

b) A tendência de evitar o desconforto emocional ou situações difíceis, preferindo sempre o lado positivo.

c) O medo de perder minha liberdade e ficar preso a responsabilidades que possam me limitar.

8. Quando você sente que está fora de alinhamento com seu propósito, o que costuma acontecer?

a) Eu perco o interesse rapidamente em projetos ou compromissos e começo a procurar algo novo e mais excitante.

b) Sinto-me desconfortável com qualquer tipo de restrição ou obrigação que limite minha capacidade de explorar.

c) Fico inquieto e ansioso, procurando novas distrações ou escapismos para evitar o tédio ou a frustração.

Seção 4: Crescimento e Alinhamento com a Missão de Vida

9. O que você pode fazer para alinhar melhor sua busca por liberdade com sua missão de vida?

a) Trabalhar em manter o foco em um projeto de cada vez, aceitando que o compromisso não significa perder a liberdade.

b) Aprender a lidar com o desconforto emocional e os desafios sem fugir para novas distrações.

c) Permitir-me comprometer-me com algo a longo prazo, sabendo que isso também pode trazer crescimento e realização.

10. Como você pode usar sua energia e entusiasmo para impactar o mundo de maneira positiva e construtiva?

a) Canalizar minha criatividade para projetos inovadores, mantendo o equilíbrio entre liberdade e responsabilidade.

b) Usar meu otimismo e visão positiva para inspirar os outros a verem novas possibilidades em suas próprias vidas.

c) Encontrar maneiras de compartilhar minha paixão por experiências novas, mostrando que o mundo tem muito a oferecer.

Resultado e Interpretação:

Agora que você respondeu às perguntas, veja a interpretação com base nas suas respostas predominantes:

• **Maioria de respostas "a"**: Sua missão de vida está relacionada à **exploração de novas experiências e ideias**, mas você precisa trabalhar a capacidade de manter o foco e o compromisso. Sua energia natural e entusiasmo são ótimos para iniciar projetos, porém o desafio é continuar até o fim. Sua missão pode estar em áreas como **inovação, empreendedorismo, viagens, ou qualquer campo que exija criatividade e flexibilidade**, mas o crescimento virá ao aprender a equilibrar liberdade com a disciplina de concluir o que você começa.

• **Maioria de respostas "b"**: Sua missão de vida envolve **inspirar as pessoas** com seu otimismo, criatividade e capacidade de ver novas possibilidades. Você tem um talento natural para manter uma atitude positiva e trazer novas ideias para qualquer situação. No entanto, o desafio é lidar com os momentos de desconforto ou frustração sem escapar para novas distrações. Sua missão pode estar em áreas de **mentoria, *coaching*, criação de conteúdo inspirador ou liderança criativa**, onde você pode compartilhar seu otimismo e ajudar os outros a encontrar novas perspectivas.

- **Maioria de respostas "c"**: Sua missão de vida está ligada à **manutenção da liberdade e exploração**, mas você precisa aprender a equilibrar isso com a aceitação de responsabilidades e compromissos. O medo de perder sua liberdade pode levá-lo a evitar se comprometer com projetos importantes, mas o crescimento virá ao perceber que o compromisso também pode trazer profundidade e realização. Sua missão pode envolver áreas como **turismo, empreendedorismo, ou qualquer área que permita liberdade de movimento**, no entanto o desafio é encontrar a estabilidade que permita que seus talentos floresçam plenamente.

Reflexão Final

O teste para o **Tipo 7 - O Otimista** ajuda a identificar como você pode alinhar sua energia, criatividade e busca por liberdade com uma missão de vida que traga significado e compromisso. O maior crescimento para o Tipo 7 envolve aprender a equilibrar o desejo de novas experiências com a capacidade de manter o foco e lidar com os desafios da vida sem fugir. Ao canalizar sua energia para projetos que tragam inovação e inspiração, você pode viver sua missão de maneira plena, mantendo sua alegria e entusiasmo enquanto faz uma diferença significativa no mundo.

CAPÍTULO 7:
TABELAS RESUMO PARA DIRECIONAMENTO DA MISSÃO

Agora que você completou o teste relacionado ao seu tipo de personalidade do Eneagrama, está na hora de mergulhar nos resultados e utilizá-los para entender como suas aptidões, motivações, desafios e oportunidades podem se alinhar com sua missão de vida. As tabelas apresentadas neste capítulo vão ajudar você a ter uma visão clara e prática de como as suas características podem ser utilizadas para viver uma vida mais plena e conectada com seu propósito.

Os **testes personalizados** que você acabou de realizar foram projetados para lhe oferecer uma profunda autoanálise, revelando pontos-chave sobre seu comportamento, motivações internas e áreas de desenvolvimento. Cada pergunta foi formulada para trazer clareza sobre quem você é e como você pode direcionar suas habilidades para encontrar significado e propósito.

As **tabelas resumo** a seguir foram desenvolvidas como uma ferramenta prática para complementar essa jornada. Elas o ajudam a entender de maneira rápida e objetiva como suas características principais podem ser alinhadas com sua missão de vida. Elas abordam:

- **Aptidões naturais**: O que você faz bem e como essas habilidades podem ser usadas para o bem maior.

- **Motivações internas**: O que impulsiona suas ações e o inspira a buscar algo mais profundo.

- **Desafios e obstáculos**: Os comportamentos e padrões que, se não forem trabalhados, podem limitar sua realização.

- **Oportunidades de crescimento**: Áreas onde você pode se desenvolver e alcançar um alinhamento maior com seu propósito.

- **Possibilidades de alinhamento com a missão de vida**: Caminhos práticos e possíveis para manifestar seu propósito no mundo, utilizando suas características mais fortes.

A Utilidade das Tabelas na Sua Jornada

As tabelas funcionam como uma espécie de "mapa" para orientá-lo na aplicação prática do que foi descoberto com o teste. Cada eneatipo tem um conjunto distinto de **aptidões** que podem ser canalizadas para viver uma vida de propósito. Essas aptidões, quando alinhadas com uma motivação clara e um senso de missão, transformam a maneira como você vive e impacta o mundo.

Por outro lado, também existem **desafios** que podem se tornar obstáculos na sua jornada.

É importante entender esses desafios não como falhas, mas como áreas que precisam de atenção e crescimento. As **oportunidades** destacadas nas tabelas mostrarão como você pode transformar esses desafios em trampolins para uma vida mais autêntica.

Exemplo prático:

- Se você é um **Tipo 3 - O Vencedor**, suas aptidões naturais de **liderança e eficiência** podem ser usadas para inspirar e motivar os outros, mas seus desafios de **buscar reconhecimento externo** podem impedi-lo de viver de forma autêntica. Oportunidades de crescimento, como aprender a equilibrar sucesso com autenticidade, o ajudarão a alinhar suas conquistas com um propósito que vai além da validação externa.

Como Utilizar as Tabelas Junto com o Teste

Após fazer o teste do seu eneatipo, retorne às tabelas apresentadas neste capítulo para visualizar os principais *insights* sobre sua personalidade. Veja como cada resultado do teste se conecta diretamente com as colunas das tabelas:

1. Identifique suas Aptidões: Após o teste, reflita sobre suas principais habilidades e veja como elas se encaixam nas aptidões descritas para o seu tipo. Quais são suas forças naturais? Como essas aptidões podem ser usadas para manifestar seu propósito?

Exemplo para o Tipo 8:

- Se você se identificou com a liderança e a coragem como suas maiores aptidões, sua missão de vida pode estar ligada a ser um **líder compassivo**, usando sua força para criar justiça e apoiar os mais vulneráveis.

2. Entenda suas Motivações: Reflita sobre as motivações que guiam suas ações. Elas são mencionadas no teste e na tabela do seu eneatipo. O que você busca em suas interações com o mundo? Essas motivações estão alinhadas com seu propósito de vida?

Exemplo para o Tipo 2:

- Se suas motivações estão ligadas a **ajudar e cuidar dos outros**, você pode se sentir realizado ao trabalhar em áreas que envolvem apoio emocional e social. Porém, lembre-se de equilibrar isso com o autocuidado, para que sua missão não resulte em esgotamento.

3. Reconheça seus Desafios: O teste provavelmente destacou alguns dos seus desafios. Use a tabela como um guia para entender quais são as áreas que precisam ser trabalhadas para que você possa viver sua missão de forma mais plena. Quais padrões o seguram? O que pode estar impedindo você de avançar na sua jornada?

Exemplo para o Tipo 9:

- Se um dos seus desafios é **evitar conflitos e procrastinar**, é essencial aprender a expressar suas opiniões e tomar decisões mais proativas. Isso pode abrir portas para uma missão de vida em que você promove a paz de forma ativa, sem sacrificar sua voz.

4. Explore Oportunidades de Crescimento: As oportunidades listadas nas tabelas são sugestões práticas de como você pode transformar seus desafios em áreas de crescimento. Depois de fazer o teste, reflita sobre como você pode aplicar essas oportunidades no seu dia a dia.

Exemplo para o Tipo 5:

• Se o seu desafio é o **isolamento** e a falta de conexão emocional, as tabelas sugerem que você busque compartilhar mais do seu conhecimento e colabore com os outros. Isso o ajudará a viver uma missão de vida mais conectada e impactante.

5. Defina Possibilidades de Alinhamento: Por fim, a coluna "Possibilidades de Alinhamento" nas tabelas oferece sugestões claras de como você pode alinhar suas características com uma missão de vida significativa. Use as sugestões como pontos de partida para pensar sobre como você pode aplicar suas aptidões e superar seus desafios na prática.

Exemplo para o Tipo 7:

• Se você tem facilidade em ver o lado positivo e explorar novas possibilidades, sua missão de vida pode estar relacionada a **trazer inovação e alegria**, ajudando as pessoas a encontrarem novas formas de viver com mais leveza. Ao manter o foco e lidar com desconfortos, você poderá realizar sua missão de maneira mais completa.

CONSULTAS RÁPIDAS E REFLEXÕES CONTÍNUAS

As tabelas foram criadas para que você possa consultá-las sempre que precisar de um direcionamento rápido sobre suas características e como elas estão se manifestando no seu dia a dia. Elas funcionam como um espelho para que você veja como está progredindo na sua jornada de alinhamento com seu propósito.

À medida que você avança em seu autoconhecimento e aplica as sugestões apresentadas nas tabelas, é útil revisitar seus resultados e refletir sobre seu progresso. Às vezes, o que inicialmente parecia um grande desafio pode, com o tempo e o trabalho adequado, se tornar uma grande força.

CONCLUSÃO: INTEGRAÇÃO DO TESTE COM AS TABELAS

Os **testes personalizados** e as **tabelas resumo** fornecem uma base sólida para que você entenda quem você é e como pode se alinhar com sua missão de vida. Ao combinar os resultados do teste com as informações práticas das tabelas, você estará equipado para fazer mudanças conscientes e alinhadas com sua essência.

Lembre-se: o objetivo final é **viver sua missão de vida de maneira autêntica**, utilizando seus talentos naturais, superando seus desafios e contribuindo de maneira significativa para o mundo ao seu redor. As tabelas são um lembrete constante de que suas características, quando canalizadas de forma consciente, têm o poder de transformar sua vida e a vida daqueles ao seu redor.

Essa é uma jornada de descoberta e crescimento contínuo — e tanto o teste quanto as tabelas são ferramentas que o apoiarão em cada etapa dessa trajetória.

TABELAS RESUMO

Aqui estão tabelas rápidas para consulta, que resumem as **aptidões, motivações, desafios, oportunidades** e **possibilidades de alinhamento com a missão de vida** para cada eneatipo.

Elas funcionam como uma referência prática para que o leitor possa, de forma ágil, identificar as características principais de seu tipo e refletir sobre seu propósito.

Essas tabelas fornecem um **resumo prático** para que o leitor possa consultar rapidamente as características de cada tipo de personalidade do Eneagrama. Elas mostram como suas aptidões e desafios podem ser direcionados para encontrar um alinhamento mais profundo com a missão de vida, promovendo crescimento pessoal e impacto no mundo ao redor.

Tipo 8 - O Poderoso

Aptidões	Motivações	Desafios	Oportunidades	Possibilidades de Alinhamento
Liderança, coragem, proatividade	Controle, poder, justiça	Impulsividade, rigidez, dominação	Liderar com empatia e equilíbrio	Ser um líder compassivo, focado na justiça e na proteção dos mais vulneráveis
Capacidade de tomar decisões	Fazer a diferença no mundo	Dificuldade em delegar	Inspirar os outros com sua força	Usar seu poder para criar ambientes justos e que promovam o crescimento
Proteger os outros	Garantir estabilidade	Evitar a vulnerabilidade	Canalizar energia para causas construtivas	Manter a força, mas também desenvolver empatia e autocontrole

Tipo 9 - O Mediador

Aptidões	Motivações	Desafios	Oportunidades	Possibilidades de Alinhamento
Diplomacia, paciência, calma	Manter a paz e harmonia	Evitar conflitos, procrastinação	Expressar suas opiniões com clareza	Ser um pacificador que ajuda os outros a encontrar equilíbrio e união
Escuta ativa, mediação	Estar em harmonia com todos	Fugir de responsabilidades	Tomar ações pequenas e progressivas	Usar a capacidade de mediação para resolver conflitos e promover harmonia
Resolução de conflitos	Evitar desentendimentos	Dificuldade em impor limites	Encontrar equilíbrio entre paz e ação	Integrar sua voz ao mundo, criando um espaço onde todos possam ser ouvidos

Tipo 1 - O Perfeccionista

Aptidões	Motivações	Desafios	Oportunidades	Possibilidades de Alinhamento
Organização, ética, atenção a detalhes	Fazer as coisas da maneira correta	Tendência ao perfeccionismo, crítica excessiva	Aceitar a imperfeição e flexibilizar as expectativas	Ser um exemplo de integridade e justiça, trazendo melhorias sem rigidez
Capacidade de melhorar sistemas	Buscar justiça e integridade	Rigidez emocional	Liderar com compaixão e empatia	Promover mudanças éticas, trazendo justiça sem perder de vista a humanidade
Senso de responsabilidade	Fazer o que é certo	Dificuldade em aceitar falhas	Ensinar os outros através do exemplo	Integrar a perfeição com flexibilidade, aceitando que o erro é parte do crescimento

Tipo 2 - O Ajudante

Aptidões	Motivações	Desafios	Oportunidades	Possibilidades de Alinhamento
Empatia, cuidado com os outros	Ser necessário e amado	Sacrifício excessivo, falta de limites	Estabelecer limites saudáveis para cuidar de si mesmo também	Usar a habilidade de ajudar para promover cura e bem-estar, sem perder a própria saúde emocional
Capacidade de oferecer suporte	Ajudar os outros a crescerem	Necessidade de validação externa	Aceitar que nem sempre é possível salvar a todos	Encontrar um equilíbrio entre ajudar os outros e se cuidar
Oferecer conforto e apoio emocional	Fazer a diferença na vida das pessoas	Esquecer suas próprias necessidades	Cuidar de si para ajudar melhor os outros	Ser um facilitador de transformação, cuidando do outro e de si simultaneamente

Tipo 3 - O Vencedor

Aptidões	Motivações	Desafios	Oportunidades	Possibilidades de Alinhamento
Eficiência, liderança, foco em resultados	Sucesso, reconhecimento	Perder autenticidade, busca por aprovação externa	Redefinir o sucesso com base em valores internos	Usar seu sucesso para inspirar autenticidade e criar uma cultura de resultados com propósito
Capacidade de motivar e liderar	Ser admirado pelo que faz	Dificuldade em mostrar vulnerabilidade	Buscar equilíbrio entre metas e autenticidade	Liderar com autenticidade, sendo um exemplo de sucesso verdadeiro e honesto
Capacidade de atingir metas	Conquistar objetivos	Focar demais a imagem pessoal	Inspirar os outros através de suas conquistas	Motivar outras pessoas a viverem com propósito, equilibrando sucesso e valores

Tipo 4 - O Intenso

Aptidões	Motivações	Desafios	Oportunidades	Possibilidades de Alinhamento
Criatividade, sensibilidade, autenticidade	Ser único, autêntico	Autossabotagem, isolamento emocional	Transformar a dor em arte ou expressão criativa	Usar a sensibilidade para expressar emoções e criar beleza, inspirando autenticidade no mundo
Capacidade de se conectar com emoções	Expressar sentimentos profundos	Viver no passado, melancolia	Aceitar o presente e ser mais positivo	Encontrar formas de transformar a dor em algo positivo, trazendo significado profundo
Criar obras com significado	Buscar significado e profundidade	Comparação com os outros, inveja	Explorar emoções com propósito e clareza	Inspirar outros a serem autênticos e aceitar sua singularidade

Tipo 5 - O Analítico

Aptidões	Motivações	Desafios	Oportunidades	Possibilidades de Alinhamento
Capacidade de análise profunda	Obter conhecimento profundo	Isolamento, falta de conexão emocional	Aplicar o conhecimento de forma prática e útil	Usar o intelecto para solucionar problemas reais e ajudar na evolução da sociedade
Raciocínio lógico, foco em detalhes	Dominar um assunto	Ficar preso na coleta de informações	Colaborar mais com os outros	Transformar a busca por conhecimento em algo que traga benefício prático ao mundo
Inovação através da análise crítica	Entender profundamente o mundo	Dificuldade em partilhar conhecimento	Compartilhar mais seus *insights* com o mundo	Usar o conhecimento para transformar o mundo e resolver problemas complexos

Tipo 6 - O Precavido

Aptidões	Motivações	Desafios	Oportunidades	Possibilidades de Alinhamento
Previsão de problemas, planejamento	Segurança e estabilidade	Ansiedade, desconfiança	Confiar mais em si mesmo e nos outros	Criar ambientes seguros e protegidos, ajudando os outros a se sentirem estáveis
Capacidade de organização e preparação	Garantir que tudo esteja sob controle	Medo de errar, paralisia decisória	Desenvolver confiança interior e autoconfiança	Ser uma figura de apoio, que garante segurança e promove confiança em situações incertas
Responsabilidade e cuidado com os outros	Proteger os outros	Excesso de precaução, medo de falhar	Arriscar mais e confiar no processo	Liderar equipes com responsabilidade, garantindo segurança e inovação simultâneas

Tipo 7 - O Otimista

Aptidões	Motivações	Desafios	Oportunidades	Possibilidades de Alinhamento
Criatividade, entusiasmo, inovação	Liberdade, novas experiências	Dificuldade em focar, evitar a dor	Manter o foco sem perder a espontaneidade	Inspirar os outros a encontrar a alegria e explorar novas possibilidades sem se perder no processo
Capacidade de ver o lado positivo	Explorar possibilidades infinitas	Fugir de compromissos ou desconforto	Lidar com desconforto e manter o foco	Criar novas formas de resolver problemas, trazendo alegria e inovação ao que faz
Adaptabilidade, flexibilidade	Manter a liberdade e o entusiasmo	Evitar emoções difíceis	Comprometer-se com projetos de longo prazo	Ser um criador de novas ideias, trazendo leveza e diversão a ambientes rígidos

CAPÍTULO 8:

PRÁTICAS DIÁRIAS PARA CADA ENEATIPO SABER QUAIS AS AÇÕES CONCRETAS PARA ALINHAR SUA VIDA COM PROPÓSITO

Alinhar-se com sua missão de vida não é apenas uma reflexão interna, mas um compromisso com ações práticas que, ao longo do tempo, moldam quem você é e o impacto que você tem no mundo. Cada tipo de personalidade do Eneagrama possui características únicas que, quando equilibradas, podem transformar as áreas mais importantes da vida: **pessoal, profissional, qualidade de vida** e **relacionamentos**.

Neste capítulo, vamos apresentar **práticas diárias para cada eneatipo**, focadas em ações que ajudam a manifestar o propósito de vida de forma concreta. Ao aplicar essas práticas no seu dia a dia, você poderá viver com mais consciência e propósito, em harmonia com seus dons e desafios.

Quando falamos sobre alinhar nossa missão de vida e propósito com nossas ações diárias, é essencial entender que a vida é um conjunto interconectado de experiências. Para que possamos viver de maneira plena e consciente, precisamos cultivar um equilíbrio nas principais áreas que compõem nossa existência. Este capítulo é dedicado a explicar a importância de quatro áreas fundamentais da vida: pessoal, profissional, qualidade de vida e relacionamentos.

Cada uma dessas áreas desempenha um papel crucial no desenvolvimento e manifestação do nosso propósito. Ignorar uma delas pode nos desalinhar e nos afastar da nossa missão. Compreender e nutrir essas esferas é essencial para que o nosso propósito floresça em todas as dimensões do nosso ser.

ÁREA PESSOAL: O CENTRO DE TUDO

A área pessoal é onde encontramos o nosso núcleo de identidade. É aqui que lidamos com nossos pensamentos, emoções, valores e crenças. Nesta área, estamos em constante diálogo com nosso eu interior, questionando quem somos, o que queremos e como nos sentimos em relação ao mundo à nossa volta. Em última análise, esta é a área que nos conecta diretamente com nosso propósito e missão de vida.

Por que é importante?

Autoconhecimento: Se não tivermos clareza sobre quem somos, será difícil traçar um caminho alinhado com nosso propósito. O autoconhecimento é a chave para identificar nossas forças, fraquezas e desejos mais profundos.

Crescimento pessoal: A evolução interna, emocional e espiritual acontece aqui. Esta área é onde estabelecemos metas para o nosso desenvolvimento e nos conectamos com nossa essência.

Perguntas a se fazer na área pessoal:

- Quem sou eu além das minhas responsabilidades e relacionamentos?
- O que me move internamente? O que me traz paz ou angústia?
- Quais são os meus valores centrais e como eles guiam minhas ações?

ÁREA PROFISSIONAL: A MANIFESTAÇÃO EXTERNA DO PROPÓSITO

A área profissional é onde nosso propósito se manifesta no mundo exterior. Ela envolve o trabalho que realizamos, nossas carreiras, empreendimentos e a maneira como contribuímos para a sociedade. Para muitas pessoas, a profissão é uma extensão do que consideram ser sua missão de vida. No entanto, é importante lembrar que o sucesso profissional sem alinhamento pessoal ou espiritual pode gerar insatisfação, mesmo quando as conquistas materiais estão presentes.

Por que é importante?

Contribuição para o mundo: O trabalho que fazemos reflete quem somos e como desejamos impactar os outros. É onde colocamos nossos talentos e habilidades a serviço da sociedade.

Realização e propósito: Quando nossas escolhas profissionais estão alinhadas com nossa missão de vida, experimentamos uma sensação de realização e significado, em vez de apenas buscar reconhecimento externo ou financeiro.

Perguntas a se fazer na área profissional:

- O que estou fazendo profissionalmente está alinhado com quem eu sou e com o que eu quero para o mundo?
- Estou contribuindo de forma significativa e autêntica através do meu trabalho?
- Meu trabalho diário me aproxima ou me afasta do meu propósito?

QUALIDADE DE VIDA: O EQUILÍBRIO FÍSICO E EMOCIONAL

A qualidade de vida engloba nosso bem-estar físico, mental e emocional. Ela envolve as práticas que cultivamos diariamente para manter nossa saúde, nossa disposição e nosso equilíbrio emocional. Sem uma base sólida de qualidade de vida, nossa capacidade de viver de acordo com nossa missão de vida fica comprometida. O autocuidado, a alimentação, o descanso e o exercício são essenciais para mantermos a vitalidade e a clareza mental necessárias para avançarmos em nossa jornada.

Por que é importante?

Saúde e energia: Não podemos realizar nosso propósito se estamos constantemente esgotados ou doentes. O cuidado com o corpo e a mente garante que tenhamos energia para perseguir nossos objetivos de longo prazo.

Resiliência emocional:

Cuidar da qualidade de vida nos ajuda a enfrentar os desafios da vida com mais serenidade e equilíbrio emocional. Uma mente saudável permite maior clareza e foco.

Perguntas a se fazer na área de qualidade de vida:

- Estou dedicando tempo suficiente para cuidar do meu corpo e da minha mente?
- Minhas práticas diárias estão contribuindo para um estado de equilíbrio ou estou vivendo em constante estresse?
- O que posso fazer para aumentar meu bem-estar e minha disposição?

RELACIONAMENTOS: O IMPACTO E A CONEXÃO COM OS OUTROS

A área de relacionamentos engloba nossas conexões com amigos, familiares, parceiros, colegas de trabalho e a comunidade em geral. Nossos relacionamentos moldam quem somos e têm um impacto profundo na maneira como vivemos nosso propósito. Eles nos oferecem suporte, espelhos de nossas atitudes e oportunidades de crescimento. Sem relacionamentos saudáveis, corremos o risco de nos sentir isolados ou desconectados, o que pode minar a realização da nossa missão de vida.

Por que é importante?

Suporte e conexão: Relacionamentos saudáveis nos fornecem suporte emocional, encorajamento e, muitas vezes, ajudam a ampliar nossa visão de mundo. Eles nos mantêm conectados com a humanidade e nos lembram que não estamos sozinhos.

Crescimento e aprendizado: Através de nossas interações com os outros, aprendemos sobre nós mesmos, enfrentamos desafios emocionais e amadurecemos. Os relacionamentos funcionam como um campo de prática para desenvolver empatia, compaixão e comunicação.

Perguntas a se fazer na área de relacionamentos:

- Meus relacionamentos estão me ajudando a crescer e a viver meu propósito ou estão me distraindo e esgotando?

- Como posso melhorar minhas relações com as pessoas mais próximas e criar conexões mais autênticas?
- Estou oferecendo apoio e recebendo apoio de forma equilibrada?

INTEGRANDO AS QUATRO ÁREAS NA BUSCA PELO PROPÓSITO

Viver de acordo com sua missão de vida não é algo que acontece em uma única área. Pelo contrário, é a integração de todas essas áreas que cria uma vida equilibrada e plena. Quando você cuida de sua vida pessoal, trabalha em algo que esteja em harmonia com seu propósito, mantém uma boa qualidade de vida e nutre relacionamentos saudáveis, você constrói uma base sólida para manifestar seu propósito no mundo.

Muitas vezes, uma área da vida pode influenciar diretamente outra. Por exemplo, uma pessoa que está insatisfeita profissionalmente pode acabar negligenciando sua qualidade de vida e se desconectando emocionalmente de seus relacionamentos. Ou, ao contrário, alguém com relacionamentos fortes pode encontrar o suporte necessário para fazer mudanças significativas na área profissional ou pessoal.

O equilíbrio entre essas quatro áreas é a chave para um alinhamento completo com seu propósito. Quando há equilíbrio, sentimos que nossa vida está fluindo com mais naturalidade, e as ações que tomamos em cada uma dessas áreas começam a refletir nossa missão de forma mais clara.

PRÁTICAS DIÁRIAS COMO UM CAMINHO PARA O ALINHAMENTO

Nas próximas páginas, você encontrará práticas diárias sugeridas para cada eneatipo, que foram criadas com base nas necessidades específicas de cada área da vida. Essas práticas são projetadas para ajudá-lo a cultivar o equilíbrio entre o pessoal, profissional, qualidade de vida e relacionamentos, permitindo que você avance de forma mais consciente na sua jornada de propósito. Lembre-se de que pequenas ações diárias, quando praticadas com intenção, criam um impacto duradouro e transformador em todas as áreas da sua vida.

Ao cuidar dessas quatro áreas com atenção e propósito, você criará uma fundação sólida para manifestar a vida que realmente deseja e viver em alinhamento com seu verdadeiro eu.

TIPO 8 – O PODEROSO: LIDERANÇA COM EMPATIA

Pessoal: Trabalhe o autocontrole em suas interações diárias. Quando sentir que está assumindo o controle de forma automática, pratique a **escuta ativa**, permitindo que os outros compartilhem suas opiniões antes de agir.

Profissional: Use sua habilidade de liderança para **delegar responsabilidades**. Comprometa-se a identificar uma área onde pode dar mais autonomia a sua equipe, criando espaço para o crescimento dos outros.

Qualidade de Vida: Faça atividades físicas regulares que canalizem sua energia de maneira saudável, como esportes ou exercícios intensos, mas lembre-se de também cultivar momentos de relaxamento e **vulnerabilidade**.

Relacionamentos: Pratique a empatia em conversas íntimas. Reserve tempo para ouvir seus amigos e familiares sem interromper, permitindo que suas necessidades sejam ouvidas e validadas.

TIPO 9 – O MEDIADOR: TOMANDO INICIATIVA

Pessoal: Estabeleça metas diárias simples e se comprometa a completá-las. Iniciar o dia com pequenos objetivos o ajudará a **romper a inércia** e tomar mais iniciativa em sua vida pessoal.

Profissional: Ao longo do dia de trabalho, proponha uma ideia ou solução em pelo menos uma reunião ou conversa de equipe. Isso ajudará a integrar sua voz e contribuir com decisões importantes.

Qualidade de Vida: Evite procrastinação ao lidar com seu bem-estar. Crie uma rotina regular de autocuidado que inclua exercícios, alimentação saudável e momentos de meditação para equilibrar corpo e mente.

Relacionamentos: Pratique a assertividade. Comprometa-se a expressar sua opinião em um relacionamento próximo, mesmo que o tema envolva conflito. Isso permitirá que você encontre harmonia sem perder sua voz.

TIPO 1 – O PERFECCIONISTA: FLEXIBILIDADE E ACEITAÇÃO

Pessoal: Comece o dia refletindo sobre um princípio de **aceitação da imperfeição**. Ao longo do dia, observe momentos em que o perfeccionismo surge e pratique o "bom o suficiente", aceitando que nem tudo precisa ser perfeito.

Profissional: Em seu ambiente de trabalho, identifique uma área onde você pode permitir que os outros contribuam com suas próprias ideias, mesmo que elas não sigam exatamente seus padrões. Flexibilizar sua rigidez ajudará no crescimento coletivo.

Qualidade de Vida: Pratique a **autorreflexão** ao final de cada dia. Ao invés de focar nos erros ou falhas, anote três coisas que você fez bem, desenvolvendo uma atitude de autoaceitação e compaixão.

Relacionamentos: Trabalhe para ser menos crítico com aqueles ao seu redor. Quando sentir a necessidade de corrigir ou controlar, pergunte-se: "Isso é realmente necessário agora?" Permita que as imperfeições dos outros sejam parte natural dos relacionamentos.

TIPO 2 – O AJUDANTE: EQUILIBRANDO DAR E RECEBER

Pessoal: Estabeleça momentos diários de **autocuidado**. Mesmo que sua tendência seja cuidar dos outros, comprometa-se a fazer pelo menos uma coisa para si mesmo todos os dias, sem se sentir culpado.

Profissional: No trabalho, defina limites claros. Pratique dizer "não" a pedidos que não estão alinhados com suas prioridades, permitindo que você mantenha o equilíbrio entre ajudar e cuidar de suas responsabilidades.

Qualidade de Vida: Crie uma rotina de bem-estar que inclua tanto atividades que beneficiam seu corpo quanto momentos de descanso emocional. Isso ajudará a equilibrar a energia que você gasta com os outros e consigo mesmo.

Relacionamentos: Ao longo do dia, observe como você responde às necessidades dos outros. Desafie-se a pedir algo que você precisa em um relacionamento próximo, equilibrando o dar e o receber de forma saudável.

TIPO 3 – O VENCEDOR: SUCESSO AUTÊNTICO

Pessoal: Comece o dia refletindo sobre o que o faz sentir verdadeiramente realizado, não apenas pelas conquistas externas, mas pelas **qualidades internas** que deseja cultivar. Pratique a autenticidade em pequenas decisões ao longo do dia.

Profissional: No trabalho, estabeleça metas baseadas no impacto real que você quer causar, ao invés de apenas metas numéricas ou de *status*. Isso o ajudará a focar em **resultados significativos**, não apenas em reconhecimento.

Qualidade de Vida: Reserve momentos durante o dia para **desacelerar** e refletir sobre suas emoções. Ao final de cada dia, avalie o que realmente trouxe alegria e satisfação, além das realizações visíveis.

Relacionamentos: Pratique a vulnerabilidade ao compartilhar suas emoções reais com amigos e familiares, sem medo de parecer imperfeito. Isso fortalecerá seus laços e o ajudará a se conectar de forma mais autêntica.

TIPO 4 – O INTENSO: EXPRESSÃO CRIATIVA E EQUILÍBRIO

Pessoal: Pratique a **gratidão diária**. Ao invés de focar no que está faltando, dedique um tempo todos os dias para reconhecer o que já está presente em sua vida e que lhe traz alegria e significado.

Profissional: No trabalho, use sua criatividade para criar soluções inovadoras. Identifique um projeto onde possa expressar sua autenticidade, mas mantenha-se consciente para não se perder no perfeccionismo ou em sentimentos de inadequação.

Qualidade de Vida: Dedique um tempo para atividades criativas, como arte, música ou escrita, que lhe permitam expressar suas emoções mais profundas. Use a criação como uma forma de equilibrar suas emoções e encontrar sentido.

Relacionamentos: Trabalhe a **conexão emocional com os outros**. Ao longo do dia, pratique compartilhar suas emoções de forma aberta, mas sem depender da validação externa. Isso o ajudará a se conectar sem sentir-se isolado ou incompreendido.

TIPO 5 – O ANALÍTICO: APLICANDO O CONHECIMENTO NA PRÁTICA

Pessoal: Estabeleça o hábito de **sair da zona de conforto** diariamente. Pratique uma pequena ação que o leve a interagir com o mundo externo, aplicando seu conhecimento ou se conectando com alguém, ao invés de apenas absorver informações.

Profissional: No trabalho, compartilhe um *insight* ou ideia com sua equipe. Isso permitirá que você aplique seu conhecimento de forma prática, contribuindo para o crescimento do grupo e fortalecendo seu papel como solucionador de problemas.

Qualidade de Vida: Dedique um tempo diário para atividades que conectem mente e corpo, como ioga ou meditação, ajudando a equilibrar sua tendência ao isolamento intelectual com um maior envolvimento físico e emocional.

Relacionamentos: Pratique a **abertura emocional**. Todos os dias, compartilhe algo pessoal com alguém próximo. Isso o ajudará a sair do isolamento e fortalecerá suas conexões com os outros.

TIPO 6 – O PRECAVIDO: CONFIANDO NO PROCESSO

Pessoal: Comece o dia com uma prática de **visualização positiva**. Ao invés de se concentrar no que pode dar errado, visualize cenários onde as coisas correm bem, fortalecendo sua confiança e reduzindo a ansiedade.

Profissional: No ambiente de trabalho, identifique uma área onde você pode delegar responsabilidades e confiar mais nos outros. Isso o ajudará a aliviar o fardo da responsabilidade constante e a fortalecer suas relações de confiança.

Qualidade de Vida: Crie uma rotina diária que ajude você a lidar com a ansiedade, como caminhadas, meditação ou atividades que promovam a calma. Isso fortalecerá sua capacidade de agir sem medo paralisante.

Relacionamentos: Pratique confiar mais nas pessoas ao seu redor. Ao longo do dia, observe seus relacionamentos e escolha delegar ou aceitar ajuda, reconhecendo que nem tudo depende de você.

TIPO 7 – O OTIMISTA: COMPROMISSO COM FOCO

Pessoal: Defina uma **meta diária** para manter o foco em uma atividade até sua conclusão, sem se distrair com novas ideias. Isso o ajudará a desenvolver consistência e responsabilidade em sua vida pessoal.

Profissional: No trabalho, escolha um projeto de longo prazo e se comprometa a finalizá-lo antes de iniciar um novo. Isso fortalecerá sua capacidade de concluir tarefas e dará uma sensação mais profunda de realização.

Qualidade de Vida: Pratique o ***mindfulness*** ao longo do dia, concentrando-se no momento presente ao invés de planejar constantemente o futuro. Isso o ajudará a encontrar mais satisfação no agora, sem a ansiedade de estar perdendo oportunidades.

Relacionamentos: Nos seus relacionamentos, dedique tempo para escutar os outros profundamente, sem apressar a conversa ou pensar na próxima coisa. Isso criará conexões mais genuínas e o ajudará a estar mais presente com as pessoas que você ama.

CAPÍTULO 9:
CHECKLIST DA MISSÃO E DO PROPÓSITO

Agora que você percorreu sua jornada de autoconhecimento, explorou as práticas diárias e identificou os aspectos fundamentais das quatro áreas da vida, é hora de criar um compromisso contínuo com seu crescimento. Este formulário de autoavaliação foi desenvolvido para ajudar você a acompanhar seu processo de evolução ao longo do tempo, refletindo sobre as mudanças que você está implementando e ajustando suas práticas de acordo com suas necessidades.

O formulário a seguir permite que você responda às perguntas com **SIM**, **NÃO** ou **EM DESENVOLVIMENTO**, de acordo com o estágio em que você está em cada área. Use este guia regularmente — semanal, mensal ou trimestralmente — para monitorar seu progresso e continuar ajustando suas ações conforme necessário.

Área Pessoal

1. Autoconhecimento: Eu dedico tempo regularmente para refletir sobre meus valores, motivações e emoções?

( ) SIM ( ) NÃO ( ) EM DESENVOLVIMENTO

2. Crescimento Pessoal: Tenho metas claras de desenvolvimento pessoal que estou perseguindo?

( ) SIM ( ) NÃO ( ) EM DESENVOLVIMENTO

3. Aceitação Pessoal: Estou aprendendo a aceitar meus erros e imperfeições como parte do meu crescimento?

( ) SIM ( ) NÃO ( ) EM DESENVOLVIMENTO

4. Autodisciplina: Eu me comprometo com práticas que me ajudam a desenvolver minha mente e espírito?

( ) SIM ( ) NÃO ( ) EM DESENVOLVIMENTO

5. Autenticidade: Minhas ações diárias refletem quem eu sou de forma autêntica, sem me conformar com as expectativas dos outros?

( ) SIM ( ) NÃO ( ) EM DESENVOLVIMENTO

Área Profissional

1. Propósito no Trabalho: Sinto que meu trabalho está alinhado com meu propósito e com o impacto que quero ter no mundo?

( ) SIM ( ) NÃO ( ) EM DESENVOLVIMENTO

2. Motivação Profunda: Estou motivado pelo impacto positivo que meu trabalho tem nas pessoas, além do reconhecimento ou benefícios materiais?

( ) SIM ( ) NÃO ( ) EM DESENVOLVIMENTO

3. Desenvolvimento de Habilidades: Estou continuamente buscando aprender e melhorar minhas habilidades profissionais?

( ) SIM ( ) NÃO ( ) EM DESENVOLVIMENTO

4. Equilíbrio entre Trabalho e Vida Pessoal: Estou conseguindo manter um equilíbrio saudável entre minha vida profissional e pessoal?

( ) SIM ( ) NÃO ( ) EM DESENVOLVIMENTO

5. Contribuição Significativa: Sinto que meu trabalho faz uma diferença significativa e me traz satisfação interna?

( ) SIM ( ) NÃO ( ) EM DESENVOLVIMENTO

Área de Qualidade de Vida

1. Autocuidado Físico: Estou cuidando adequadamente da minha saúde física através de exercícios, alimentação e sono adequados?

( ) SIM ( ) NÃO ( ) EM DESENVOLVIMENTO

2. Equilíbrio Emocional: Tenho praticado técnicas de gestão emocional, como meditação, respiração consciente ou outra prática de bem-estar mental?

( ) SIM ( ) NÃO ( ) EM DESENVOLVIMENTO

3. Energia e Vitalidade: Me sinto energizado e disposto a enfrentar os desafios diários, cuidando do meu bem-estar integral?

( ) SIM ( ) NÃO ( ) EM DESENVOLVIMENTO

4. Tempo para o Lazer: Estou dedicando tempo suficiente para atividades que me trazem alegria, relaxamento e diversão?

( ) SIM ( ) NÃO ( ) EM DESENVOLVIMENTO

5. Rotina de Bem-Estar: Tenho uma rotina diária que inclui momentos de autocuidado, tanto físicos quanto mentais?

( ) SIM ( ) NÃO ( ) EM DESENVOLVIMENTO

Área de Relacionamentos

1. Conexões Significativas: Estou construindo e nutrindo relacionamentos significativos e autênticos com as pessoas ao meu redor?

( ) SIM ( ) NÃO ( ) EM DESENVOLVIMENTO

2. Comunicação Aberta: Estou praticando uma comunicação aberta e honesta nos meus relacionamentos, expressando minhas necessidades e ouvindo as dos outros?

( ) SIM ( ) NÃO ( ) EM DESENVOLVIMENTO

3. Equilíbrio entre Dar e Receber: Sinto que meus relacionamentos são equilibrados, nos quais há uma troca justa de apoio, cuidado e amor?

( ) SIM ( ) NÃO ( ) EM DESENVOLVIMENTO

4. Resolução de Conflitos: Estou lidando com conflitos de maneira saudável, sem evitá-los ou criar ressentimentos?

( ) SIM ( ) NÃO ( ) EM DESENVOLVIMENTO

5. Cuidado com a Comunidade: Além dos relacionamentos íntimos, estou contribuindo para minha comunidade de maneira significativa?

( ) SIM ( ) NÃO ( ) EM DESENVOLVIMENTO

AVALIANDO SEU PROGRESSO

Após responder às perguntas, faça uma reflexão sobre seus **SIMs**, **NÃOs** e itens que estão **EM DESENVOLVIMENTO**. Use essa autoavaliação como um guia para entender onde você já está bem alinhado com sua missão de vida e onde há oportunidades para crescer e ajustar suas ações.

Para as respostas SIM:

• Parabenize-se pelas áreas em que você sente que está alinhado com seu propósito. Reconheça seu esforço e continue aplicando as práticas que o mantêm nesse caminho.

Para as respostas NÃO:

• Não desanime com as respostas negativas. Use-as como uma oportunidade para identificar onde você pode começar a fazer mudanças. Escolha uma área para focar nas próximas semanas e implemente uma prática que possa trazer mais equilíbrio.

Para as respostas EM DESENVOLVIMENTO:

• Você já está no caminho certo! Continue comprometido com essas áreas, lembrando que o desenvolvimento é um processo contínuo. Se necessário, ajuste sua rotina ou as práticas diárias para garantir que você continue avançando.

COMPROMETENDO-SE COM SUA EVOLUÇÃO

Este formulário de autoavaliação é uma ferramenta que você pode usar sempre que precisar refletir sobre seu progresso. A jornada de autoconhecimento e alinhamento com a missão de vida é contínua, e estar ciente de onde você está hoje o ajuda a tomar decisões mais conscientes para o futuro.

Lembre-se de que não há pressa ou caminho certo. Cada pequena mudança que você fizer ao longo do caminho o levará a uma vida mais alinhada com seu propósito. Esteja presente com seu processo, celebre suas conquistas e permaneça dedicado ao seu crescimento e bem-estar em todas as áreas da vida.

A JORNADA CONTINUA: VIVA A SUA MISSÃO DE VIDA

Chegamos ao fim de nossa jornada juntos, e é com uma imensa alegria que escrevo estas palavras. Ao longo deste livro, você mergulhou profundamente em seu autoconhecimento, desvendando mistérios internos, enfrentando desafios e abrindo-se para novas possibilidades. Mais do que apenas um estudo sobre o Eneagrama, este foi um guia para você **descobrir sua missão de vida e seu propósito**.

E agora, ao chegarmos ao final deste caminho, posso dizer que estou **muito feliz por você!** Você teve a coragem de olhar para dentro de si, de encarar suas verdades, suas forças e também suas vulnerabilidades. Você explorou suas motivações mais profundas, compreendeu seus desafios e começou a alinhar sua vida com seu propósito maior. Isso é uma vitória imensurável!

Este momento é um convite para que você celebre o que conquistou até aqui. **Você descobriu sua missão de vida**, e isso é poderoso. Talvez tenha sido algo que sempre esteve lá, silenciosamente aguardando para ser revelado, ou talvez você tenha descoberto algo completamente novo. Seja como for, agora você tem as ferramentas e o conhecimento para seguir em frente, guiado por essa missão que dá sentido à sua existência.

A MISSÃO DE VIDA É UMA JORNADA VIVA

Sua missão de vida não é um destino fixo, mas sim uma jornada em constante movimento. Cada passo que você dá, cada escolha que faz, cada pequeno gesto que pratica no seu dia a dia é parte dessa jornada. E essa jornada é viva. Ela se transforma à medida que você cresce, que aprende, que se abre para novas experiências.

Você tem o poder de **moldar seu caminho**, de criar a vida que sempre desejou viver, uma vida que esteja profundamente alinhada com quem você é em essência. O Eneagrama lhe mostrou que, independentemente do seu tipo de personalidade, você carrega dentro de si talentos únicos, virtudes que são suas e que podem ser usadas para impactar o mundo ao seu redor.

E agora é o momento de **entrar em ação**.

A IMPORTÂNCIA DA AÇÃO

A descoberta do seu propósito e missão de vida é um grande presente, mas esse presente só ganha vida quando você o **coloca em prática**. Todas as reflexões, descobertas e aprendizados que você teve até aqui servem como base para suas próximas ações. Agora é a hora de transformar o que você aprendeu em realidade.

Vá em frente! Dê o primeiro passo! Não importa se esse passo parece pequeno. O que importa é que você está se movendo na direção certa, com intenção e clareza. A transformação acontece quando você coloca sua missão em ação, quando você alinha seus comportamentos e escolhas diárias com o propósito que descobriu. É nesse movimento que a vida ganha sentido.

Você é responsável pela sua jornada, e o mundo precisa de você. Precisa do seu talento, da sua autenticidade, da sua força e da sua vulnerabilidade. **Cada pequeno gesto seu tem um impacto**. E o impacto de uma vida vivida com propósito reverbera além de você, transformando não apenas sua própria realidade, mas também as pessoas ao seu redor e, em última instância, o mundo.

AGRADECIMENTO E HONRA À SUA CORAGEM

Quero, de coração, lhe agradecer por ter seguido até aqui. Escrever este livro foi um privilégio, mas é a sua jornada que o torna verdadeiramente especial. Cada passo que você deu, cada página que leu, cada reflexão que fez é uma prova da sua **coragem e compromisso** com a sua própria evolução.

Eu celebro junto com você a sua descoberta. **Você encontrou sua**

missão de vida. Mais do que isso, você está em movimento, se dedicando a viver de maneira mais consciente, alinhada com quem você verdadeiramente é.

Continue caminhando, continue explorando, continue evoluindo. **A jornada não acaba aqui**, e cada novo passo será uma oportunidade de aprofundar ainda mais sua conexão com seu propósito.

LEMBRE-SE: VOCÊ É CAPAZ

Se em algum momento surgir a dúvida, a incerteza, a insegurança sobre o caminho que escolheu, lembre-se: **você é capaz**. Você tem tudo o que precisa para viver sua missão. Confie na sua intuição, na sabedoria que carrega e nos dons que estão aí, prontos para serem usados em prol do bem maior.

Não deixe que o medo ou as distrações o afastem do que você descobriu. Sempre que precisar, volte às páginas deste livro, retome as práticas, releia as reflexões. Este é um lembrete constante de que sua vida tem um propósito claro, e você está mais do que preparado para vivê-lo.

QUE ESTA JORNADA SEJA REPLETA DE PROPÓSITO

Ao fechar este livro, lembre-se de que você está apenas no início de uma nova fase da sua vida. Uma fase em que você vive com mais presença, autenticidade e intenção. Que sua jornada seja repleta de propósito, que você continue honrando sua missão e que a cada novo dia você se sinta mais conectado com quem você realmente é.

Eu desejo a você uma vida plena de realizações, de aprendizados, de impacto positivo e, principalmente, de **muito sentido e propósito**.

Obrigado por compartilhar este caminho comigo. Que você siga em frente com coragem, fé e determinação.

O mundo está esperando o que só você pode oferecer. Agora, é sua vez de brilhar.

Com gratidão e esperança,

Marco Meda
Serra Negra – SP – Brasil
Primavera de 2024

ANOTAÇÕES

ANOTAÇÕES

ANOTAÇÕES

ANOTAÇÕES

EDITORA LEADER